認知科学が教える
コミュニケーションの
本質と解決策

今井むつみ
Mutsumi Imai

「何回説明しても伝わらない」はなぜ起こるのか？

日経BP

はじめに　認知科学が教える
コミュニケーションの本質と解決策

伝えたいことがうまく伝わらなかった、という経験は、誰もが一度はしたことがあると思います。

何回説明しても、伝わらない。

依頼した通りのものができあがらなかった。

厳守と伝えた締め切りが守られなかった。

勘違いされて、物事がうまく進まなかった。

一生懸命説明しているのに、部下や子どもの理解度が上がらない。

大切な約束を忘れられて、トラブルやけんかになった。

仕事に限らず、家庭でも学校でも、こうした悩みは後を絶ちません。

本書では、**私たちが抱えるコミュニケーションの困り事について、認知科学と心理学の視点から、その本質と解決策について考えていきます。**

認知科学や心理学に興味をお持ちの方はもちろん、上司や部下・同僚、取引先ともっと円滑に仕事を進めたいビジネスパーソンの方、指導法を学び日々工夫して子どもたちと向き合ってこられている教員の方、パートナーや子ども、親戚、友人、近隣の方との関係をもっとよくしたい方、あるいは、これまでに「伝え方」や「話し方」「説明の仕方」などの書籍を手に取られてきた方々に、新しい視点と考え方、そして実際のコミュニケーションの方法を提案していきます。

間違っているのは「言い方」ではなく「心の読み方」

なぜ、コミュニケーションという日常の事柄について、認知科学や心理学の視点が役に立つのでしょうか。

それは、私たちが日頃ひとまとめに「コミュニケーション」と呼んでいるものが、実は様々な認知の力（言語を理解する力、文脈を把握する力、記憶する力、思い出す力、想像する力など）に支えられているからです。

また、詳細は本編で説明しますが、そもそもコミュニケーションの前提には「スキーマ（30ページ）」があります。私たちはそれぞれが頭の中に、「当たり前」を持っており、その「当たり前」は皆、同じわけではありません。

こうしたことを念頭に置くと、冒頭で取り上げたような「伝えたいことがうまく伝わらない」原因は、この**「当たり前」の違いを越えることができなかったり、認知の力がうまく働かなかったりすることにある**といえます。

天動説を信じる人に「動いているのは私たちの立つ地面であり、地球なのだ」ということを、手を変え品を変え伝えても理解を得ることが困難であるように、間違っているのは「言い方」ではなく、そもそもの「心の読み方」なのです。

こうした問題意識のため、本書で提案する解決策は、「言い方を工夫しましょう」「言い換えてみましょう」「わかってもらえるまで、何度も繰り返し説明しましょう」

ということではありません。

「人は、何をどう聞き逃し、都合よく解釈し、誤解し、忘れるのか」を知ること。そして、そうした特徴を持つ人間同士が、**それでも伝え合えるように考えること**が、「いいコミュニケーション」の実現には不可欠です。

本書では、そうした観点に加え、コミュニケーションの達人への取材を通して、すぐに取り組むことのできる解決策も数多く取り上げました。

「何回説明しても伝わらない」と悩む多くの方、そして、コミュニケーション能力の向上を通じてビジネスでの成功を目指す方にも、何かしらの形でお役立ていただければ幸いです。

CONTENTS

第1章

「話せばわかる」はもしかしたら「幻想」かもしれない

第2章

「話してもわからない」「言っても伝わらない」とき、いったい何が起きているのか？

第3章

「言えば↓伝わる」「言われれば↓理解できる」を実現するには？

第4章 「伝わらない」「わかり合えない」を越えるコミュニケーションのとり方

第1章

「話せばわかる」は
もしかしたら
「幻想」かもしれない

「人と人は、話せばわかり合える」ものなのか？

「話せばわかる」ということを、多くの人は「当然のこと」と捉えています。

理解できない、だけど興味のある出来事が起こったときには誰か詳しい人に「説明」してもらおうとしますし、その説明を聞いてもまだわからなければ、もっと詳しく知ろうと思うでしょう。

あるいは、何か揉め事が起こったときには、まずは「話し合って解決」しようとするでしょう。

多くの人は「言葉を尽くせばわかってもらえるし、人はわかり合える」と心のどこかで信じている。部下、特に新人が指示を理解できないときも、「もっとわかりやすく教えればわかるはず」と思っているのではないでしょうか。

この話の例外は、もちろん簡単に思いつきます。

例えば使っている言語が違う場合。日本語しか話せない人が、英語など他の言語しか話せない人と「わかり合う」レベルまで意思の疎通ができるか、と言われればすぐにイエスと言えないかもしれません。同じ日本語同士でも、方言が強い人とはわかり合えないのが当然と思うかもしれません。

あるいは、世代が大きく離れている場合。最新の若者言葉を中高年以降が理解しないという話はメディアなどでよく見聞きします。私などは学生さんたちと話をするとき、そもそも自分が知っていると思っていた単語の意味がわからなくなってしまうことがあります。

高度な専門知識に基づいた話や、事実関係が複雑に絡み合った難解な出来事なども、いくら説明を聞いたとしても理解できないかもしれません。

こうした例外はあるにしても、例えば今、職場で机を並べている上司や部下、同僚と、取引先と、あなたの家族や親戚と、友人と、日常的な会話をすると考えたらどうでしょう。

基本的には誰もが皆「話せばわかる」、少なくとも「話すことで、その前より理解を深められる」と思っているからこそ、冒頭のように振る舞うのではないでしょうか。新入社員には「ホウ（報告）・レン（連絡）・ソウ（相談）」が大事だと教えられると聞きますが、そうした前提としても、「話せばわかる」意識があるのでしょう。

近年、「ものの言い方」や「言い換え方」をテーマにした書籍がビジネスパーソンに人気だという現象の裏側にも、同様の意識があるように思います。

でも、本当にそうなのでしょうか？

私たちは話せばわかり合えるものなのでしょうか？

何かが伝わらない場合、問題は説明の仕方や表現の仕方の問題であって、それを改善すれば伝わるようになるのでしょうか？

本書で考えたいのは、この点です。伝えたい物事が正しく伝わらないのは、言い方や説明不足のせいだけではないのかもしれない。言い方の訓練をしたり工夫をしたりする以上に、他者と付き合う上では、考えなければいけないことがあるのではないか。

そうであるならば、いったい何を考えたらよいのだろうか。

もしかしたら、私たちは「言葉のやりとり」を過信しているのかもしれません。メールやチャット、SNSなど、多様なコミュニケーションツールが発達し、さらにはAIとのやりとりすら言葉でできるようになりつつある今こそ、「伝える」ということを考える必要があるのではないでしょうか。

日常に溢れる「伝わらない」シチュエーション

私は普段、子どもを対象にした研究をしているため、「言ってもわからない」という現場をよく目の当たりにします。

例えば小学校での授業。先生は一生懸命準備し、わかりやすく教えようとしています。しかしどうやら、理解できている子どもはクラスの半数ほど。残りの子どもは、先生の話をただ聞いているだけで、本当の意味で理解しているとはいえないのが実情です。

「こんなにわかりやすく説明をしているのに、どうして子どもはわからないの？」

そんなふうに、先生方は悩んでいます。

子どもだけではありません。

ある日、あなたは上司に「報告」したとします。特にトラブルが起こったわけでも、急ぎのことがあるわけでもなく、日常業務の報告です。自分自身では過不足なく正確に説明をしたつもり、というシチュエーションを想像してください。

後日、たまたま上司が、あなたの報告について、別の人に話している場面に遭遇しました。すると、あなたの「報告」とはニュアンスが変わってしまっているとします。偶発的に起こったことが、誰かの過失のような扱いになっている、というような具合です。見かねてもう一度報告し直そうとしたけれども、

「その話は前に聞いたから、もういいよ」

と言われてしまいました。

こうした「何だかうまく伝わっていない感じ」はときに、単なる世間話のはずが、

「○○さんが悪口を言っていた」

「○○さんは不満そうだった」

のような聞き手の印象が加わったりして、人間関係のトラブルへと発展したりもします。


もっと典型的なのは、家族間の会話です。

「この日までに○○を用意しておいてって言ったじゃん！」

と言い張る子ども。

「そんな話は聞いてない！ なんで言わないの！」

と慌てて準備する親。子どもが言い忘れているだけ、ということももちろんあると思いますが、一方で、本当に言っていたのに、親に伝わっていなかった、ということもあり得ます。


このような場面では、いったい誰が悪いのでしょうか？ 伝わるように言わなかった人が悪いのでしょうか？ しっかりと説明したのならば、相手は当然、「正しく理解すべき」なのでしょうか？

もしかすると、AさんがBさんに何かを伝えるときに、Aさんが思い描いていることがそのまま正しくBさんに共有できることのほうが、実は例外的なのかもしれません。

なぜなら、**私たち人間は、相手の話した内容をそのまま脳にインプットするわけではない**からです。

理解したように見える人でも、独自の解釈をしている可能性や、誤解している可能性、曲解している可能性もあります。無意識に「そんな説明は聞きたくない」と拒否していることもあれば、意識的に聞かないようにしたり、聞いてもまったく理解できなかったり、「面倒だからスルーする」という態度に出たりすることもあるでしょう。

本当は理解できていないのに、理解できたつもりになっていることもあるかもしれません。聞いたはずのことをすぐに忘れてしまうことだってあり得ます。

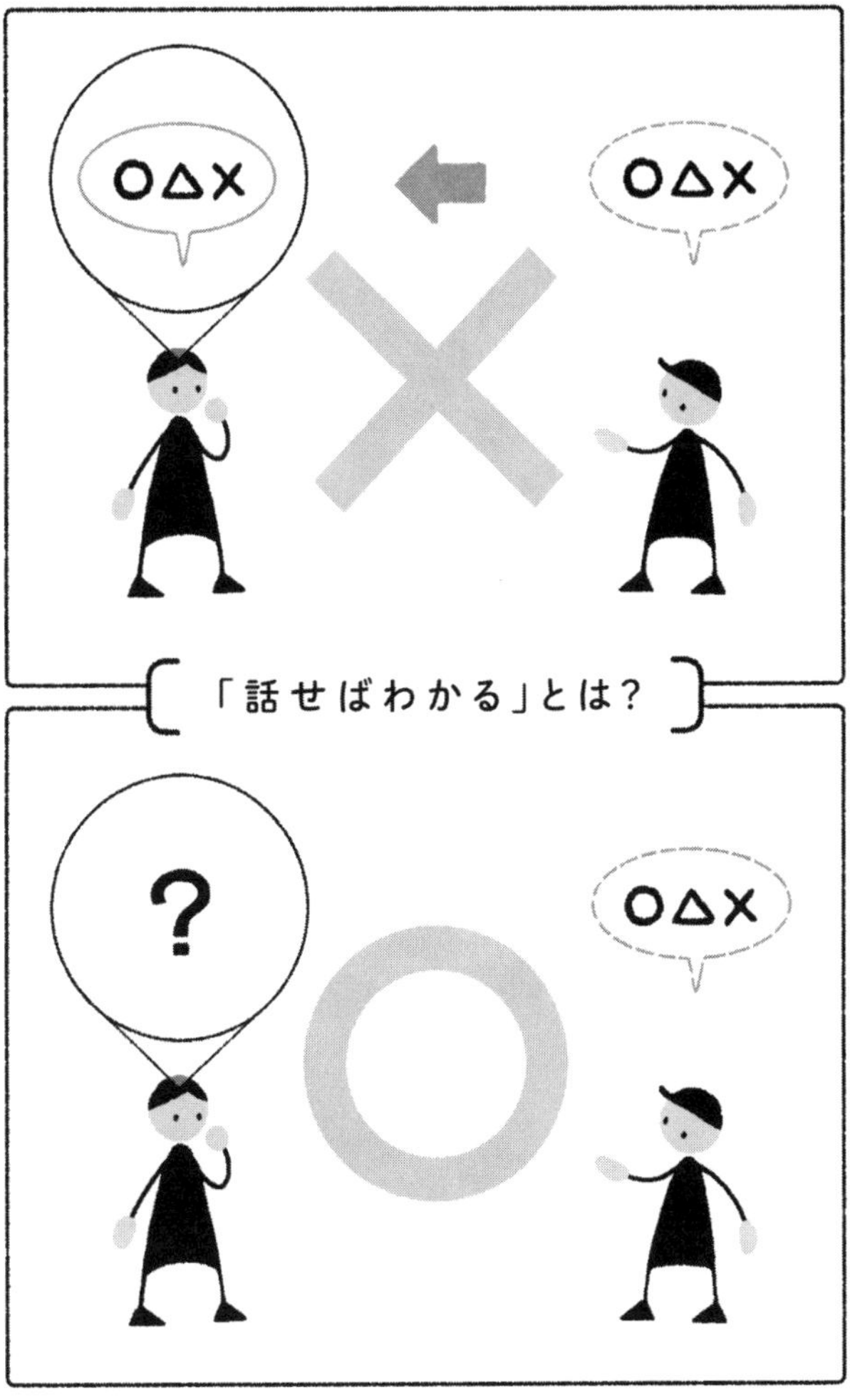

「話せばわかる」は相手の話を脳内にそのままインプットすることではない

2024年1月2日に羽田空港で起きた大きな事故は、皆さん記憶に新しいことでしょう。着陸した日本航空516便と、離陸を待つ海上保安庁の航空機JA722A（以下、海保機）が衝突し、炎上。海保機に乗っていた5名の命が失われる事態となりました。

この事故の直前、管制塔と海保機では、以下のようなコミュニケーションがなされていたという録音が残っています（実際に行われたやりとりは英語）。

海保機「タワー（＝管制塔）　JA722A　C誘導路上です」

管制官「JA722A　東京タワー（＝管制塔）　こんばんは　ナンバーワン　C5上の滑走路停止位置まで地上走行してください」

海保機「滑走路停止位置C5に向かいます　ナンバーワン　ありがとう」

このやりとりを見れば、確かに両者は互いに「了解」しています。しかし実際には、管制官は「停止位置まで」と指示していたところを、海保機は停止位置を越えて滑走路に進入。その背景にあったのは「ナンバーワン」という言葉を解釈するときに生じた誤解ではないかと言われています。管制官は、「滑走路に進む優先度ナンバーワン」という意味で言ったことを、海保機側は「離陸順位ナンバーワン」と思い、滑走路に進入したのではないかと考えられていますが、これは言語の本質的特徴を如実に示しています。

言語は意図のすべてをそのまま表現できるわけではない、つねに受け取り手によって解釈され、解釈されて初めて意味あることとして伝わるのです。言葉を発した人が込めた思いと、相手の解釈が大きく異なってしまうこともあるのです。

しかも厄介なことに、**思いと解釈が一致しているかどうかは、話し手にも聞き手にもわかりません。**

このように、人は単純に「言われたらわかる」わけではないのです。実はこれこそが、コミュニケーションが苦手だと思っている多くの人が見落としている「前提」です。コミュニケーションや人付き合いは、この前提を無視しては成り立ちません。

・言葉を尽くして説明しても、相手に100%理解されるわけではない。

・同じものを見たり聞いたりしても、誰もが同じような理解をするわけではない。

・「言われた」ということと「理解した・わかった」というのは根本的に別物で、「言われたけど理解できない」ことも往々にして起こり得る。

こうした前提を忘れてしまうと、コミュニケーションでイライラしたり、伝わらないことが原因でミスやトラブルが増えたり、自信がなくなってしまったりしてしまいます。

逆に言えば、こうした前提に気づくことで、私たちがコミュニケーションで抱えやすい問題を、対症療法的ではなく根本から改善していくことができるのではないかと考えています。あなた自身も相手の話を聞いたときに、「ああ、わかった、わかった」「それはこういうことね」と思っているとしたら、その危険性にも気がつくようになるはずです。

「話せばわかる」とはどういうことか？

そもそも「話せばわかる」というとき、私たちは何をもって「わかった」としているのでしょう。

「相手の話がわかる」ということを、段階を踏んで表現すると、

①相手の考えていることが
②言語によってあなたに伝えられ
③あなたが理解をすること

といえます。

ここで問題となるのは、それぞれの頭の中をそっくりそのまま見せ合ったり、共有したりすることはできない、ということです。

それは単に「言葉によってすべての情報をもれなく伝えることはできない」というだけではありません。

言葉を発している人と、受け取っている人とでは、「知識の枠組み」も違えば「思考の枠組み」も異なるため、仮にすべての情報をもれなく伝えたとしても、頭の中を共有することはできない、という話です。

例えば「ネコ」という言葉を聞いたときに、「自分の家で飼っている子ネコ」をイメージする人もいれば、「ハローキティ」や「トムとジェリー」に登場するキャラクターとしてのネコを頭に浮かべる人もいます。昔引っかかれてけがをした経験から「凶暴」なイメージを持つ人もいれば、ぬいぐるみのような「愛くるしい」イメージを持つ人もいるでしょう。「やわらかい」というイメージを持つ人もいれば、「不潔」なイメージを持つ人もいるかもしれません。

そう、私たちはそれぞれがまったく異なる「知識の枠組み」「思考の枠組み」を持っているため、たった1つの名詞「ネコ」と聞いたときでさえ、無意識に頭の中に思い浮かべるものはまったく別ものである可能性がとても高いのです。

「ネコ」

同じ言葉でも、持つイメージは十人十色

そして、こうした脳内で描かれるイメージを共有することは難しく、隣の人がまったく違うイメージを持っているとわかっても、そのイメージを明確に聞き取ることすら、私たちにはできないのです。

私たちの思考には、意識されずに使われる「枠組み（＝スキーマ）」がある

「知識や思考の枠組み」が互いにまったく同じであれば、話した内容はすんなりと理解されるかもしれませんが、現実には、そんなことはめったに起こりません。

なぜなら一人ひとりの学びや経験、育ってきた環境は違いますし、仮にまったく同じ環境で育ち経験をしたとしても、それぞれの興味関心が異なれば、形成される「枠組み」が変わってしまうからです。

こうした枠組みのことを、認知心理学では「**スキーマ**」と呼んでいます。

このスキーマは、私たちが相手の言葉を理解する際、つまり何かを考える際に裏で

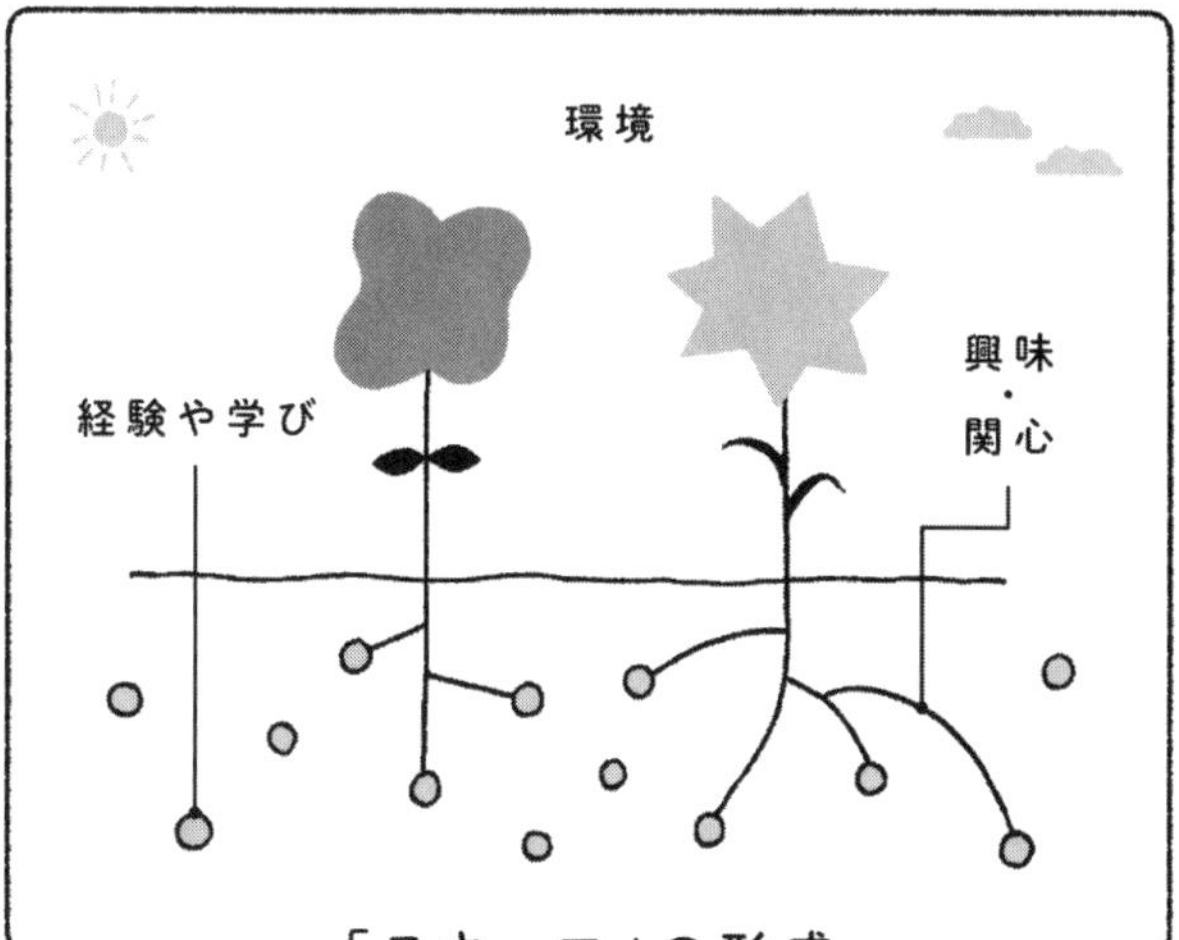

「スキーマ」の形成

「スキーマ」は常に
脳のバックグラウンドで働く

「思考の枠組み＝スキーマ」は、1人ひとり異なっている働いている基本的な「システム」のことです。スキーマは、脳のバックヤードでつねに稼働しています。

スキーマの存在は、外国語を例にとるとわかりやすくなります。なぜならそれぞれの言語によって、ある単語が持つ意味の体系は、ほとんどのケースで異なるからです。言語によって体系は異なっても、学習者は、自分がすでに知っていて日常的に使いこなしている言語（いわゆる母語。日本人ならば日本語）にあてはめて、新しい言語を捉えるしかありません。

日本人が英語を学ぶ場合で考えてみます。多くの人は、英語学習というと、

wear——着る

など、学習したい英単語に該当する日本語をセットで覚えるのではないでしょうか。しかし、実際には「wear」という英単語は、日本語の「着る」とまったく同じ意味なわけではありません。ズボン、マフラー、手袋、メガネ、化粧も英語ではすべて「wear」で表しますが、日本語では、それぞれ、履く、巻く、つける、かける、する

などの動詞が用いられます。

この、それぞれの言語の単語がカバーする意味の範囲の違いは、特にスキーマの差が現れやすく、学習を困難にする要素でもあります。

実際、私が以前行った調査で、日本の国立大学の学生さんに、ズボン、マフラー、手袋、メガネ、化粧などについて「wear を使えるか」という質問し、○か×かで答えてもらいました。すると、日本語で「着る」と表現する範囲は○とし、日本語では別の表現を用いるところは×をつける傾向が顕著にありました。

本当は「wear」と「着る」では表す範囲が異なっているのにもかかわらず、それに気がついていないのです。

ただし、日本語の「着る」が「wear」よりも意味の範囲が狭い、とも言い切れません。というのも、日本語では「着る」と表現するのに、英語では「wear」が使えないシチュエーションもあるからです。それは、「動作としての着る」です。

英語では、「着ている状態」は「wear」ですが、「着る動作」は「put on」で表します。同じ「着る」でも、状態と動作ははっきりと区別され、幼い子でも間違えることはありません。

そのため、目の前に裸の人がいて、なんでもいいから衣類を身にまとってほしいときは、

「Put on your clothes!」

となり、「Wear your clothes!」とは言えません。一方、日本語の「着る」には、状態と動作の区別がありませんから、「今すぐ服を着なさい！」と言うときは「put on」の意味で「着る」が使われていますし、「あの人が着ている服」と言うときは「wear」の意味で「着る」が使われることになるのです。

このように、私たちは特に意識することもなく物事を母語のスキーマで考えているため、外国語を学習するにはそのスキーマごと学ばなければ、自然に使いこなすことはできません。**日本語の文を書いて、1語1語、和英辞典で合う単語を拾っていっても、自然な英文は作れない**のです。なお、外国語学習におけるスキーマの違いと、それを克服するための方法論は、拙著『英語独習法』（岩波新書）を参照してください。

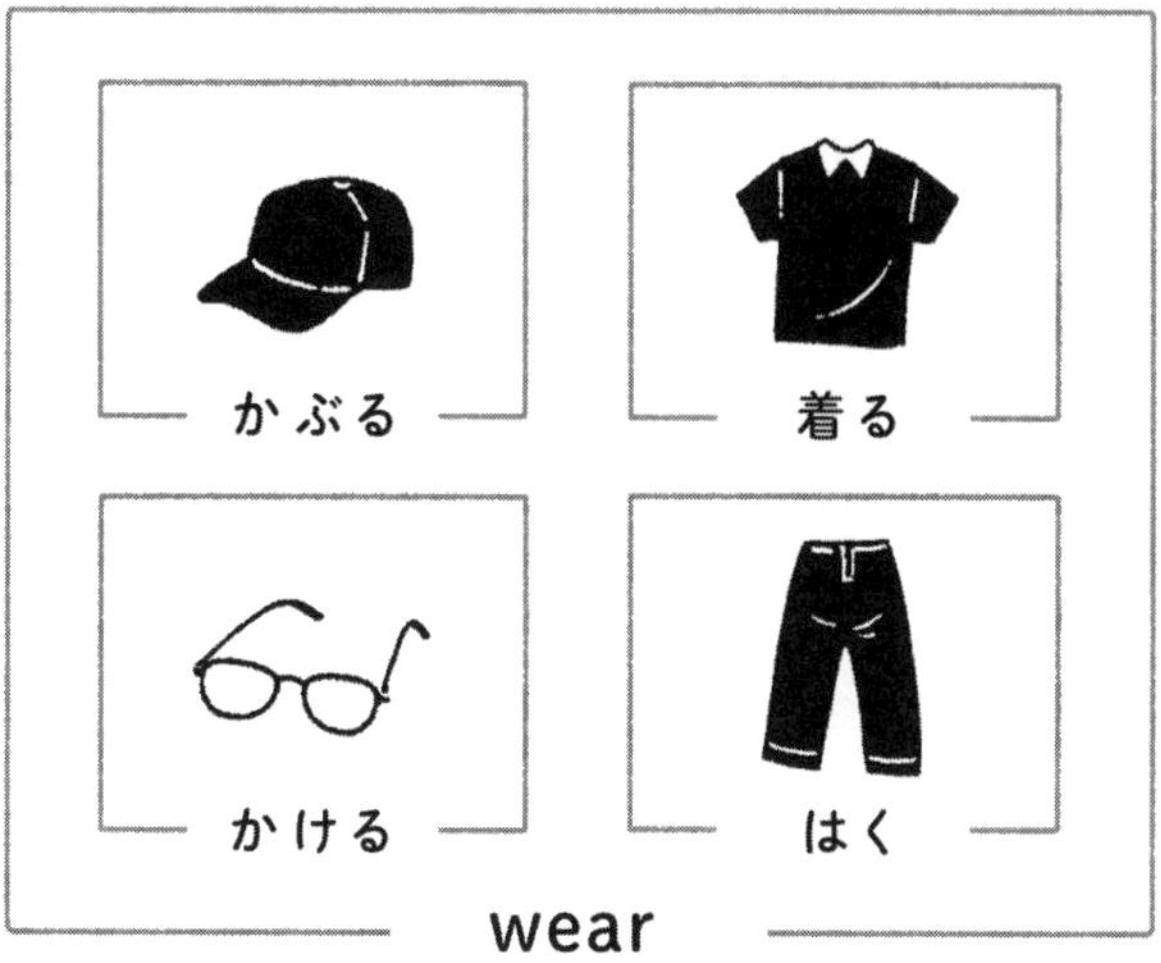

実は「着る」と「wear」は使える範囲が違う

「わかった」という感覚がいつも正しいとは限らない

　ここでは言語の例でお話ししましたが、私たちはあらゆる物事についてスキーマを持ち、それを当たり前のものとして考えています。言い換えれば、ある人の「わかる」「わかった」は、あくまで「その人のスキーマ」を通してのものであるということ。

　あなたが意図した通りに伝わっているか、正しく理解されているかどうかは、実際のところ、「あなたとは関係のないところ」で決まってしまう、と言ってもいいかもしれません。なぜなら、相手が「わかった」かどうかはその人がどういうスキーマを持ってあなたの話を聞いているかに大きく依存してしまうからです。

「言ってもわかってもらえないのは、言い方のせいではない」「伝わらないのは、伝え方のせいではない」というのは、こういうことなのです。

ですから、相手が「わかった！」という態度を示していたとしても、それを鵜呑みにしてはいけません。

なぜなら、自分が期待したように理解されているかどうかは、定かではないからです。相手のスキーマに沿って独自に解釈されている可能性は大いにあります。

翻って考えると、自分が「わかった！」と思ったときにも注意が必要です。本当にあなたは、相手が意図しているように理解できているのでしょうか……？

人は皆、自分の知識の枠組みであるスキーマを持っています。つまりそれは、「自分なりの理屈を持っている」ということです。人の話はすべて、自分のスキーマというフィルターを通して理解されます。そういった意味で、スキーマは「思い込みの塊」でもあります。

相手に正しく理解してもらうことは、相手の思い込みの塊と対峙《たいじ》していくことです。そして相手を正しく理解することは、自分が持っている思い込みに気がつくことでもあります。これがいかに難しいことかは、想像に難くないでしょう。

「話せばわかる」の試練
——記憶力の問題

さて、仮に相手が運よくあなたと同じスキーマを持っていて、あなたの話を「あなたが意図した通りに理解できる」としましょう。しかし、「話せばわかる」には、さらに試練が続きます。

例えば講演会に行き、登壇者の話に大いに感銘を受けることがあるでしょう。あなたはその話の詳細を、1年後はもとより、1カ月後に覚えているでしょうか？　きっとかなり難しいと思います。それは私も同じです。「感動した」「いい話だった」ということは覚えていたとしても、詳細な中身は悲しいくらい忘れています。

ちなみに、講演の内容をしっかり覚えておく方法がないわけではありません。講演を自分で「再構成」することで、忘却に歯止めをかけることができます。この方法についで詳しくは126ページでお話しします。

子どもたちの勉強も同じです。例えば1年前や2年前に習った平面図形の知識をもとに、立体図形の学習に入るとします。しかし、立体図形を習う頃には、平面図形の基本的な知識をすっかり忘れている子どもが、かなりの数います。そしてそれは、仕方のないことです。

一方で学校の先生は（ちょっとは復習するかもしれませんが）、
「皆さん、覚えていますね」
という前提で、立体図形の授業を始めます。立体図形の授業自体は実によく準備されているのですが、先生に「人は忘れる」という認識が薄いために、つまずいてしまう子どもがぼろぼろと出てくるのです。

この「**人は忘れる**」**という前提が問題**なのです。

言った側は覚えている。言われた側は忘れている

「覚えている、覚えていない」ということに関しては、情報への接し方も大きく関係しています。講演者も、学校の先生も、言った側はよく覚えているのですが、言われた側は忘れてしまいます。

あるいは、情報の種類によっては、言った側は忘れているが、言われた側はよく覚えている、という場合もあります。

それは、**言った側と言われた側で、その情報の重要度が違う**からです。

先の例で言えば、学校の先生は「平面図形」を教えたことを明確に覚えています。クラス全員に理解してもらわなくてはならないという使命感もあることでしょうから、先生にとって平面図形の重要度は「高」となり、教えた記憶は明確に残ります。

一方、小学生の中で、その単元が始まる前から「ぜひとも平面図形について学びたい」と思っている子どもは、どれだけいるでしょうか？　きっと多くの子どもは、あ

る日突然先生から、

「今日から平面図形に入ります」

と宣言され、三角形や四角形についての説明を聞く中で、興味を持ったり、持たなかったりするでしょう。

平面図形に初めて触れる子どもならば、最初はその重要度は自然と「低」となりがちです。あることを覚え、使おうとする強い意志がない限りは、教えられてもなかなか記憶には残りません。自分にとって重要でない物事が記憶に残らないのは当然です。

反対に、「言った側は忘れているが、言われた側はよく覚えている」情報として代表的なものは、近年、問題視されている様々なハラスメントです。

ハラスメントが問題となるのは、多くの場合、言った側に取り立てて悪意があるわけではないからです。そのため、言った側は、その発言をしたことすら覚えていません。

一方、言われた側は不快な思いをしたり、傷ついたりすれば、忘れたくても忘れられない、という事態にすら発展しかねません。これもまさに、両者の情報の重要度の差によって生じたギャップといえるでしょう。

私たちは普段、自分のスキーマのフィルターを通して世の中を見て、知識や情報を得ています。

世の中のすべてを見て吸収していくことはできませんから、自分が必要だと思うこと、興味のあることだけを無意識のうちに優先して取り込んでいきます。それに重要度の低い情報を覚えておけるほど、記憶の容量があるわけでもありません（記憶の容量については、121ページで詳述します）。

ですからいくら先生が一生懸命説明したとしても、聞いている生徒のスキーマに受け入れる準備がなければ届くことはないですし、ハラスメントを受けた人が訴えても、ハラスメントした側に「ハラスメント」のスキーマがなければ聞き流されたり「自意識過剰だ」と言われたりしかねないのです。

同じ情報でも、それぞれの感じる重要度によって、受け取り方や記憶への残り方には差ができる

人の記憶はどこまで「曖昧」なものなのか

さらに言えば、「理解した。そして覚えている」としても、頭に残っている記憶が「事実」とは限りません。

人間の記憶は、私たちが想像する以上に脆弱《ぜいじゃく》です。観察したり、復唱したり、書き写したりしただけでは、ほとんど記憶に残りません。注意を払わずに情報を見たり読んだり聞いたりすると、多くの場合、情報を誤って覚えてしまうことになります。

このことを明らかにしたカリフォルニア大学アーバイン校のエリザベス・ロフタス教授による実験をご紹介しましょう。

実験の舞台は、普段学生たちが授業を受けている大学の教室です。その日、学生たちはいつも通りに教室に集まり、ロフタス教授の講義を受けていました。

するとおもむろに、後ろの席に座っていた男が立ち上がり、数席前に座っていた女子学生のカバンをひったくるように取って、教室から出て、逃走していきます。その男が立ち上がってから完全に姿が見えなくなるまでは、ほんの数秒間の出来事でした。

カバンを盗られた女子学生も含め誰もが、カバンを取り返したり男を拘束したりすることができなかったばかりでなく、身動きひとつ取れませんでした。

「突然の重大事件」はどのくらい記憶に残るのか

カバンを盗られ唖然《あぜん》とする女子学生と周りの学生たちに、ロフタス教授が尋ねます。
教授「何が起きましたか？」
女子学生「バッグを盗まれました。まったく注意していなかったので、何も覚えていません。髪の短い男がバッグを盗って逃げた。それしか覚えていません」

続けて、女子学生の隣に座っていた学生Aを皮切りに、周囲の学生たちが「自分が見たこと」を話し始めます。

学生A「茶色のジャケットの男でした」

学生B「赤いジャケットだったと思うな」

学生C「短髪で、茶色の髪。たぶん20代の男だった」

学生D「僕も20代だったと思う。髪はグレーかな。はっきりしないけど……」

学生E「黒いジーンズで、茶色のジャケットの男だったよ」

学生F「背が高くて短い髪、そしてヒゲがあったと思う。私は全身より、顔を覚えているわ。メガネをかけていたかも」

学生A「そう言われると、ヒゲがあった気がする。みんなの話で思い出した。ヒゲはあった」

学生D「綺麗《きれい》にそったヒゲだったね。全体ではなく、前のほうだけ」

犯人のだいたいの容貌がわかったところで、教授は3人の容疑者を教室に招き入れます。ジーンズに茶色のジャケット、ヒゲがあり、身長は皆同じくらいです。

突然の事件の犯人を、私たちはどれだけ覚えているだろうか

学生A「3番だと思う。3番みたいなヒゲだった」

3番に意見が集中したあと、バッグを盗られた張本人である女子学生が、「2番だと思う」と言います。2番か3番かと話が進んだところで、教室にもう1人、男性が入ってきました。背が低く、ヒゲのない男です。

女子学生「彼です！　見た瞬間に思い出しました！」

そう、最初に教室に入ってきた、3人のヒゲの生えた男性たちは、バッグを盗った人ではありませんでした。犯人に、ヒゲなど生えていなかったのです。

「記憶の中の犯人」は、まったく別人 !?

「記憶のすり替え」がいたるところで起きるわけ

学生たちは皆、犯人の横顔や後ろ姿を見ていました。そしてそれぞれが「自分が見た人はこういう人だ」ということを話し始めたときに、ある学生（ここでは学生F）が自信を持って、「ヒゲがあった」と証言しました。

この学生Fは実は、事前にロフタス教授から実験内容を知らされた上で発言を依頼された「サクラ」だったのです。

サクラの学生の「ヒゲがあった」という証言に学生A（サクラではない）が同調し、「ヒゲがあった」とすぐさま発言しています。

それをきっかけに、クラス全体として「ヒゲの男性」というイメージがつくられていきました。カバンを盗られた女子学生もまた、犯人を間近で見たにもかかわらず、クラス全体の話し合いにつられて、「犯人にはヒゲがある」と信じ込んでしまいました。

たった1人紛れ込んだサクラが発した「ヒゲ」という嘘の情報を、複数の学生が「自分も見た」と言い始め、そして、その情報をもとに容疑者が絞り込まれていってしまったのです。つまり、サクラの学生の「ヒゲがあった」という発言によって、皆に対して「記憶のすり替え」が起こってしまったのです。

ちなみにサクラの学生に即座に同意した学生Aは、犯人がわかったあとでも、「彼は再度教室に入る前に、ヒゲをそってきたんだよ！（カバンを盗って逃げたときには）ヒゲはあったと思うけど……」

と言うほどでした。

もし、本当の犯人が女子学生の前に現れなかったとしたら？ 2番か3番の男性が「犯人」とされていたはずです。

なぜなら被害者も目撃者も全員が、「ヒゲがある高身長の男性が犯人」だと証言し、その条件に合う男性から犯人を選び出そうとしているのですから。

ロフタス教授は、

「記憶とは大きなボウルになみなみ入った水に垂らした、1滴のミルクのようなもの」

と表現しています。一度垂らしてしまえば、もう二度と水とミルクを分離することはできません。同様に、頭に入った記憶の内容も、想像や偽りと事実とを分けることはできないのです。


たとえ嘘をつくつもりがなくても、誰かの発言や自分の願望、感情、そして自身のスキーマによって、記憶は影響を受け、あなたにとっての「事実」がいつの間にかつくり上げられてしまうのです。

記憶は簡単に操作される

記憶というものがどれほど頼りないものか、ということに関して、ロフタス教授はもう1つの事例を紹介しています。こちらは実験ではなく、本当にあった事件です。

その事件では、女性が暗がりでレイプされ、ある男性が容疑者として逮捕されました。被害女性が「彼がやった」と容疑者の男性を指さし、力強く証言したことで罪が確定しました。

しかし、この事件は後に真犯人が見つかり、えん罪であることが判明するのです。

被害女性は嘘をつくつもりなどありませんでした。それでも、結果的に偽証をしてしまった理由としては、次の2つのことが挙げられます。

1つは、当時の警察が容疑者を犯人と見定め、それを立証するための証拠づくりをしていたことです。警察は、捜査の初期に、「この男が犯人ではないか？」と容疑者の男の写真を被害女性に見せていました。その際には、女性は確証のある答えはしなかったといいます。

しかしその後、たくさんの男たちの写真の中から犯人だと思う男の写真を選ぶ、ということを求められたとき、「この人かもしれない」と、女性はその容疑者を選んでしまいます。

人は「なじみがある」という感覚だけでも記憶にバイアスがかかります。容疑者の写真を事前に見たことで、その顔に対して「見たことがある」という感覚が植え付けられてしまうのです。

実際にその人に会って見たのか、写真で見たのかは、もう区別がつきません。それで、警察の捜査の中で何度もその容疑者の写真を見せられているうちに、「この人に違いない」と思い込むにいたってしまったと考えられます。


そしてもう1つは、「被害者の視線」の問題です。

突発的に事件に巻き込まれてしまったとき、私たちは「どこ」を見ていると思いますか？　例えば、目の前の人に銃を突きつけられたとき、私たちは犯人か銃か、あるいはまったく別のものか、何を見ているでしょうか？

銃口を突きつけられたとき、人は、銃を凝視することがわかっています。それも、犯人の顔はいっさい記憶に残らないくらい、銃だけをひたすら見続けるそうです。

「被害者なのに、犯人の顔がわからない」が起こる理由

では、その事件はどうだったか。レイプにあったその女性は、ナイフを突きつけられていました。

多くの人は、「自分を襲った犯人の顔なら、はっきり覚えているはずだ」と考えてしまいますが、その女性の視線はおそらく、突きつけられたナイフに向けられていたはずです。そう、そもそも被害女性は犯人の顔をほとんど見ていなかった可能性があるのです。

前述のようにこの事件は、後にえん罪であったことが明らかとなりますが、犯人と間違えられ拘束された男性は心労のためか心臓発作で亡くなったといいます。

人の記憶というものの曖昧さが、事件をより悲劇的なものへと変えてしまったのです。

私たちは「嘘」を言わずにはいられない!?

こうした研究の蓄積もあって、「記憶の曖昧さ」に対する認識はずいぶんと広がってきました。

かつて、犯罪捜査において「決定的な証拠」と捉えられていた自供や目撃者の証言の扱いが変わった背景にも、こうした心理学の貢献があります。

人は「事実に基づいた話ができる」存在ではなく、自供や目撃証言が「つねに正しい」とは限らない。嘘をつくつもりがなくても、記憶は容易につくり替えられてしまう。人はそれほど正しく、自分の目撃したことや体験を証言したり再現したりできない、ということがわかってきたのです。

ここで取り上げたのは「目撃者」という立場での話ですが、犯罪や事件だけではなく、日常生活の場面でも同じようなことが言えます。「やった、やらない」といった言い争いや、「事前の注意喚起があった、ない」などといったことに関してもそうです。もちろん「言った、言わない」も同じです。

故意に嘘をつく人がいないわけではありませんが、**嘘をつくつもりがなくても、相手が、そして自分が、事実として正しいことを言っているとは限らない**のです。

もしかしたら、相手が「だましてやろう」「嘘をついてやろう」と悪意を持っていたほうが、まだ気づける可能性があるかもしれません。

「なんだかちょっと、言動がおかしいな」

「支離滅裂なことを言っているな」

「普段と様子が違うな」

などと感じられるかもしれないからです。

しかし、相手が無意識のうちに自分の記憶をつくり替えていて、自分の記憶を信じて、本気で言っているとしたら？　その嘘（話している本人にとっては真実）に気づくのは、決して容易ではないはずです。

記憶は曖昧…ならば「言い切った者勝ち」なのか

このように、「記憶は非常に頼りないものだ」ということを知っていると、役に立つことがあります。なぜなら、相手の言うことがあやふやでも、ときに間違っていても仕方ないと許すことができますし、それでイライラすることも減るからです。

また自分の記憶に頼らず、様々なことをダブルチェックするようになりますから、ミスも減ります。自分が間違っていたかもしれないと、素直に非を認めて歩み寄ることもできます。

とはいえ、いいことばかりではありません。私自身、そのために痛い目にあったことがありました。

数年前、駐車場にバックで車を入れていたときのことです。横並びの駐車スペースに止まっていた車から女性が飛び出してきて、

「あんた、ぶつけた！」

と怒鳴ってきたのです。私にはぶつけた感覚はまったくなかったのですが、相手は「ぶつけた」と言い張り、

「ほら！」

と言って、自分の車を指さします。

ぶつけた記憶はありませんでしたが、相手の指さした先にはうっすらと傷があり、「相手がそこまで言うのなら、ぶつけてしまったのかも……」と思いました。相手のことを信じたというより、自分の「ぶつけていない」という記憶に、あまり確信が持てなかったのです。記憶の曖昧さに関しては、誰よりも知っているからです。

警察にも連絡しましたが、その対応は「保険屋さんで解決してください」というものでしたから、こうした事故は頻繁に起こっているのでしょう。

さて、私がつけたという傷を見ると、ちょっと塗装がはげて白い線が入っているくらいのものでした。それで、「数万円で済みそうだし、争うよりも保険で払ってしまおう」と引き下がりました。

後日、請求書が届きました。

そこに書かれていたのは、数十万円という金額でした。さすがにおかしいと思い、保険会社に確認すると、私が「ありとあらゆるところ」をぶつけたことになっていました。女性は、自分の車についた傷のすべてを、私の保険で修理しようとしたのです。怒りも湧いてきましたし、また正義感に火がついたこともあって、専門家に調査を依頼することにしました。

すると驚いたことに、「そもそも私はぶつけていない」ということがわかったのです。私の車が当たったならばついているはずの塗料が見られなかったこと、私の車には傷がなかったこと、そして車同士の角度から、最初に女性が指摘した傷は、私の車がつけることは不可能、という結果でした。

その女性の、あまりに確信的な発言に影響されて、自分の「ぶつけていないはず」という記憶を疑ってしまった。ロフタス教授の実験で起こった「記憶のすり替え」が、まさに自分自身に起こったわけです。

思い返せばとても風の強い日で、風で車が揺れ、それを相手は「ぶつけられた」と思った。私も「ぶつけたかもしれない」と思ったのかもしれません。

そんな中、確信を持って「ぶつけられた！」と言った女性の言い分で、「事実」がつくられていきました。

世の中ではこのように、**「断言したもの勝ち」「自分の記憶が正しいと信じられた人の勝ち」ということが、日々起こっている**のだと思います。

自分の記憶があやふやだと、自信満々に「こうだった！」と言う人に押し切られてしまうことは十分あり得ます。

きっとこういうことを経験している人が意外に多いからこそ、近年はドライブレコーダーで全方向を録画する方が増えているのでしょう。私自身もすぐに購入しました。

たとえ両者に悪意がなかったとしても、互いが自分の「記憶」に基づいて「ぶつけられた」「ぶつけていない」と主張したら、議論が平行線をたどるのは当然です。

ましてや一方に悪意があってより強固に主張をすれば、もう一方はその主張を受け入れてしまうかもしれません。

記憶の曖昧さを知った皆さんに、同じような災難が降りかかりませんように。

生成AIの登場でますます「記憶の曖昧さ」が注目されるわけ

2023年は、生成AIがトレンドとなりました。日本語など、日常的に使う言語で質問をすると、まるで人間が答えているかのように、自然な文章で回答してくれます。こうした新しい技術は、使い方によっては大変便利なものです。

ただ、ChatGPTをはじめとする生成AIは、内容的に間違った答えを返すことがかなり頻繁にあります。間違いのレベルは様々です。

ChatGPTは、インターネット上にある情報を学習して質問に回答しますが、インターネット上にはそもそも、誤情報や誤認識が溢れています。専門分野のような複雑な知識ならばなおさらです。ChatGPT はそうしたデータをも学習に用いているため、ときに誤った答えを生成してしまうのは必然のことなのです。

この例として非常に興味深いお話を、弁理士をされているSさんから聞きました。Sさんはクライアントから委託を受けて特許や商標登録を国内・海外に出願する業務をしていますが、最近、クライアントから法的に間違った主張を堂々とされることが増えたといいます。

そこでさらに詳しく聞いてみると、一部のクライアントたちは、ChatGPT の回答を基にそうした主張をしているようなのです。

そこでSさんが、ChatGPT に、

「出願したい特許と似たものが、すでに存在するか」

と質問をしたところ、実在しない事例を挙げて、「もっともらしく」返してきたといいます。いわば「ケースをでっち上げる」わけですね。米国と日本の法律を混同したり、商標法と著作権法を混同したりすることもあるということでした。

ここで問題となるのは、生成ＡＩの返事の「もっともらしさ」です。先ほどの事故の事例の「言い切った者勝ち」のような現象が、ここでも起こり始めています。

ただし、ChatGPTは、自身が生成した文章について、責任を負ってはくれません。それっぽい回答を信じてしまった人が責任を負うことになります。

こうしたことが起こりがちということもあり、また剽窃《ひょうせつ》などの問題と関連することもあり、企業でも学校でも、生成ＡＩが出力したものをそのまま使用することは禁止されています。

でも例えば、まだ何が正しくて、何が正しくないかの判断がつかない子どもがChatGPTの答えを信じてしまい、取り返しのつかない誤りを犯してしまったときは、どうなるでしょうか。あるいは、その子どもから話を聞いた親が、信じてしまったら？

さらに恐ろしいのは、使用したときは「ChatGPTの間違った情報だ」と理解していても、先ほどお話ししたレイプ事件の被害者の女性が誤った容疑者の写真に反応したように、**後に似た情報に触れた際に、「この話はどこかで聞いたことがある」と偽情報の中身だけを想起してしまうケース**も考えられることです。

誰しもに起こり得るこうした事態について、「思い込むほうが悪い」と言えるでしようか。

「相手にわかってもらえる」を実現する方法を考えよう

こうした「話せばわかる」にまつわる様々な問題は、日常的なコミュニケーションでも同様に起こっています。

言った側は、自分が大事だと思っているからこそ、「間違いなく伝えよう」としますし、伝えたことをよく覚えています。「言われた側は正しく理解すべきだ」と思っているでしょう。ただし、言った側の考える「正しく・間違いなく」が、本当に事実かどうかはわかりません。

一方、言われた側には、そもそもそれが大事だという認識がありません。何か言われたときに、他のことに注意が向いているかもしれませんし、それよりも他のことのほうが大事だと感じるかもしれません。

すると、悪気なくスルーしてしまう。あるいは、話を聞いていても、まったく別の解釈をしてしまう可能性もあります。聞いた話の記憶がいつの間にかつくり替えられて、間違って覚えてしまっているかもしれません。あるいは、いったんは覚えたのに、すぐに忘れてしまうかも……。

このようなことは、日常でも繰り返されているはずです。

頼まれた買い物をすっかり忘れていて、「言った、言わない」の大げんかになる。
部下に頼んでおいた仕事が、すっかり忘れられている。
約束したはずのことが、勘違いですっぽかされる。
指示内容とは食い違った作業がなされる。
こうしたトラブルの背景には、少なからず、人間の認知能力の問題があるのです。

こうしてお話ししていると、ある人が伝えた通り・意図した通りに相手が理解し、行動するのがまるで奇跡のような気さえしてくるかもしれませんね。

ですから、私たちに求められるのは、伝えたい内容が正しく伝わっているのかどう

かに気を配ることです。そして、何かミスや問題が起こったときに、

「言っただろう！」

と相手を責めたり、

「指示した通りにできないなんて、能力がない人だ」

「こんなに丁寧に話をしたのに、正しく理解できないなんて、信じられない」

と評価したりすることは、少々傲慢《ごうまん》な態度だということもわかります。


そもそも記憶への残り方も違えば、解釈も違う。相手が正確に覚えていなくても仕方がない。

もちろん、そうしたすれ違いを起こさずに物事を伝えることが求められる場も多くありますし、その方法もこれから考えていきます。けれども、そういうことを考える前提として、**人間の認知能力というもののあやふやさ**を理解していただきたいのです。

その意味では、本章の冒頭でお話ししたような、「ものの言い方」を工夫したり、「言い換え」て、何とか相手に伝えようというビジネス書のトレンドは、もしかした

ら「言ってもわかり合えない」かもしれない私たちにとっては、やっぱり有効な手段なのかもしれません。

ただし、それらの本が狙っているような、その言い換えによってたちどころに理解が進んだり、物事がうまく伝わるようになったり、関係性がよくなったり、というような即効の効果はあまり期待できないのではないかと思います。

わかり合えない中でも、少しでもお互いに通じる表現を見つける。そう願って日常の努力を積み重ねるほうが、「すぐにわかる」よりも実はずっと大事なことなのです。

問題は、「話せばわかる」「言えば伝わる」だけではない

さて、ここまでで、「言えば伝わる」「話せばわかる」と私たちが一般的に考えていることが、実はちょっとした幻想に過ぎないのかもしれないこと、その理由としてバックグラウンドにある認知の枠組み「スキーマ」と、その他の様々な認知能力のあやふやさが関係しているということを、それなりに共有できたのではないかと思います。

しかし、スキーマに影響を受けていること、認知能力に支えられていることは、「言語によるコミュニケーション」だけではありません。例えば、

・学びや仕事における情報処理やアウトプット
・多数の人と協働して何かをなし遂げる力
・部分を見て全体を予想する力
・今起こっていることから未来を予測する力
・何かの物事の原因を追及したりする力

など、私たちが「知的な活動」「人間らしい活動」として捉えているもの、ひいては、仕事において私たちに求められる物事のほとんどが、認知能力に深く影響されているとも言えます。

私たちが実感している以上に認知能力というものは奥が深いのです。

次章以降は、「話せばわかる」「言えば伝わる」を切り口に、私たちの様々な認知能力について、より深く考えていきます。

そして、どうすればもっと快適に、よりよく日々を過ごすことができるのか、もっとその能力を生かすことができるのか、仕事でいうならば、より多くのアウトプットへとつなげたり、生産性を上げたりできるのか、その方法を探っていくことにします。

さっそく見ていきましょう。

第2章

「話してもわからない」「言っても伝わらない」ときいったい何が起きているのか?

「言えば伝わる」「話せばわかる」を裏側から考える

第1章では、仕事の上で、あるいは家庭や友人関係において、「言えば伝わる」「話せばわかる」という、私たちが「当たり前だ」と思っていることが、実は様々な障害を経てようやく成り立つものなのだ、ということを見ていきました。

その中でご紹介した、私たちの認知の性質に由来するエピソードには、驚かれた方も多いのではないかと思います。

「これは間違いない事実だ」と確信していることですら、実は非常にあやふやで、ときにはまったく事実と異なってしまうこと。

コミュニケーションでいえば、「間違いなく伝えた」「わかってもらえたはず」というのは思い込みに過ぎないかもしれず、「伝えたこと」「言ったこと」というのは、相手にはその通りに伝わってはいないのかもしれないこと。

こうしたことがわかると、

「周囲の人と連携をして仕事を進めるには、どうしたらいいのか？」

「現状を正しく認識し、的確な提案をするには、何が必要なのか？」

「コミュニケーションがうまい、とは、どういうことなのか？」

「伝わるコミュニケーションとは何か？」

「人と人がわかり合うとは、どういうことなのか？」

といった、新たな疑問も湧いてくるかもしれません。

あるいは、

「こういう事実が起こっているのは明らかなのだから、当然、〇〇すべき」

「〇〇しないのはおかしい！」

「私はちゃんと伝えたのだから、聞いていないほうが悪い」

といった態度を取りたくなったときにも、「本当に、それでいいの？」と踏みとどまることにもなるでしょう。

ただ、第1章で紹介した性質は、私たちが持つ認知の力のごく一部に過ぎません。残念ながら、ここで紹介した問題さえクリアすれば、「言えば伝わる」「話せばわかる」が実現できるわけではないのです。

では、「自分はきちんと伝えたつもり」で「相手も理解したつもり」なのに、実際には「伝わっていない」「わかり合えていない」とき、いったい、私たちの認知の世界では、どのようなことが起こっていると考えられるのでしょうか。

本章では、よりよいコミュニケーション、ひいてはよりよい仕事や人生を実現するために知っておきたい――「言っても伝わらない」「話してもわかり合えない」を生み出す原因となっている――認知の力の性質を、いくつかご紹介していくことにします。

言っても伝わらないを生み出すもの①
「理解」についての2つの勘違い

皆さんは、「頭のいい人」というと、どんな人を思い浮かべますか？　鋭い思考をする人、視野の広い人、専門分野に秀でている人、仕事ができる人……人によって、スキーマによって、様々な「頭のいい人」のイメージがあると思います。

勘違い①「記憶力のいい成績優秀者は、理解力がある」

では、子どもの頃を思い出してみてください。あなたはどんな子どもを「頭がいい」と思っていたでしょうか。

「記憶力のいい人」こそが、頭のいい人だと思っていたのではないでしょうか？　もっと端的に言うと、学校のテストでいい点数を取っていた人です。入学試験や定期試験、あるいは資格試験など、人生において私たちは多くの「記憶の出し入れの能力をはかるテスト」を突破しており、そうした試験の多くは、記憶力が高い人ほど高い点数を取りやすいものでした。

最近はテストも少しずつ「考える力」や「想像力」をはかるものに変化しつつありますが、それでもやはり「記憶の出し入れの能力をはかる」傾向は色濃く残っています。そういった意味では、受験戦争をくぐり抜けたエリートの中に「記憶の出し入れが得意な人」は多いでしょう。

こうした経験から、大人になった今でも、「記憶力のいい人＝頭のいい人」と考えている人も多いのではないでしょうか。

しかし、記憶力がいい人はすなわち理解力が高い人かというと、それはどうも違うようです。高学歴の方が、企業に就職してうまくなじめなかった、という話もあまり珍しいものではありません。あるいは、エリートと接する中で、

「この人は、私の話をわかってくれているのだろうか？」

と首をかしげてしまった、という経験がある方もいるでしょう。

学生時代の成績優秀者と仕事における優秀者は必ずしも一致せず、また、学歴の高い人の集団がときにコミュニケーション不全に陥ってしまう原因は、こういうところにあるといえるでしょう。

対象的なテストを行っているのがフィンランドの大学入試です。

フィンランドでは、「理解度を確認するテスト」は授業の中で行われても、中学受験、高校受験のように序列をつけるためのテストは行われません。つまり、「高校受験のために単語帳を暗記する」ようなことは必要がないのですね。

英単語を覚えるのは、あくまで英語を使うためであるといった思想に支えられているともいえます。

学びとしては理想的だと思える反面、大学入試は過酷です。一般的には2〜3日かけて行われ、その間じゅう、毎日6時間ほど、缶詰になって大きな問題――例えば哲学的な問題だったり社会問題だったり――に論述で答えます。

意見や考えを述べるためには、もちろんある程度の知識は必要ですが、蓄積した知識を自身の力で統合し、新しいアイデアや説得力のある解決策を導き出すことができるかどうかが問われています。

受験生は、こうしたレポートを通して、知識・思考力・理解力など、様々な能力がはかられるのです。


日本の受験は長らく、「暗記偏重」と言われてきました。フィンランドにならって試験のあり方を再構成することは、そこから脱却する有効な一手となるでしょう。どんな力をはかるために試験をするのか？　その根本に立ち返ることが、今こそ求められているといえます。

理解と記憶

ここで勘違いしないでいただきたいのは、「理解と記憶は別物だから、記憶はしなくてもいい」「暗記重視の日本の試験には意味がない」と言いたいわけではない、ということです。

なぜなら、記憶力と理解力は別物とはいうものの、それぞれが無関係に独立しているものではないからです。どういうことでしょうか。

例えば、

「日本各地で線状降水帯による大雨で、甚大な被害が出ています」

という一文があり、これを覚えるとします。

その場合、最も記憶しやすい人は、日本語を自由に扱えて、ここに登場するいくつかの単語をもともと知っていて、この文が何を表現しているかを理解している人です。

実際に自分が被害にあっていたり、ニュースなどで見て心を痛めたことがあれば、さらに覚えやすいでしょう。

一方、「線状降水帯」などの言葉を知らなかったり、「甚大な」という文字が読めなかったりしたらどうでしょう?

あるいは、そもそも日本語を理解していない人だったら?

まったく知らないことを記憶するのは至難の業ですよね。そう、記憶は理解に支えられているものなのです。

記憶は理解に支えられているというのは、次のようなランダムな単語の記憶と、それに関するクイズからも実感できるでしょう。

問題) 次の言葉を、順番通りでなくていいので、できるだけたくさん記憶してください。制限時間は1分。

つくえ　えんぴつ　パン　かびん　ほん　はな　タオル　ふうとう　いす　アイロン

くつ　バター　けしゴム　ペン　ボール　メガネ　くつした　カバン　リモコン

1分たったら言葉の一覧表を見えないようにして、次の問題を考えてみてください。

「先ほどの言葉の中で、食べ物に関する単語は何？」

この問題に正しく答えることは、難しくはありません。しかし項目がどんどん増えると思い出せないものも増えてきます。

ランダムに提示された単語を覚える際には、ただその言葉を繰り返すのではなくて、自分に身近なストーリーにすると覚えやすいとも言われます。それは「理解」というプロセスを経ているかどうかで、記憶できるかどうかが大きな影響を受けるからに他なりません。

仮に、あなた自身の意識としては、ただ単語を繰り返しているだけであったとしても、無意識下でそれらの言葉の間に関連性をつくって覚えようとしています。本来はなんの意味もない単語の並びを「理解」しようとするわけですね。

つまり、私たちが何かを記憶しようとする際には、意味を考えずに丸暗記しようとしたりするよりも、「理解」というプロセスを経て記憶にたどり着くことを目指したほうが、スムーズであり記憶しやすい、ということです。

大学入試の話に戻ると、あくまで「理解」をはかろうとしているフィンランドの方法のほうが、長期的に見て知識が定着しやすく、また実生活にも生きてくるのではないか、と考えられるわけです。その点で、日本はフィンランドの大学入試に大いに学ぶところがあるといえるでしょう。

勘違い② 「記憶違いは、理解が足りなくて起こっている」

さて、先ほどのクイズの答えは「パン」と「バター」ですが、不正解だった人の中には、何も思い出せなくて言葉が出なかった方もいれば、リストにないものを挙げてしまった人もいるでしょう。

その中に、「ジャム」や「マーガリン」、「たまご」や「コーヒー」など、「パン」と同じ食卓に並びそうなものを言ってしまった人はいませんか?

あるいは、「チーズ」や「ヨーグルト」など、何となく「バター」に近いものを言ってしまった人もいるかもしれません。

これらは間違いではありますが、しかし「理解の力」が働いている証拠でもあります。

そうした方は「パン」と「バター」を覚えようとするときに、これらの2つの単語を「パンと一緒にとるもの」「食品につけるもの」「乳製品」などと理解して記憶した、と考えられます。理解したからこそ、間違える、ということが起こってしまっているわけですね。

意図的に「関連づけて覚えよう」「理解して覚えよう」と考えることなく機械的に暗記しようとしても、記憶できる容量を超えると、自分が持っているスキーマを利用して、理解しながら記憶しようとします。するとその理解の仕方につられて、実際にはなかったものを誤答する確率が高くなるのです。

こうした、私たちの記憶の仕組みは、『100万回死んだねこ　覚え違いタイトル集』（講談社）という面白い本からも見ることができます。

『100万回死んだねこ』は、福井県立図書館の司書さんたちが書いた本です。サブタイトルに「覚え違いタイトル集」とあるように、「本のタイトルの覚え違い」をたくさん紹介しています。1977年初版発行の名作『100万回生きたねこ』（佐野洋子、講談社）が、「死んだ」になってしまうのは、タイトルを間違って覚えた人が本のタイトルを理解して覚えたからです。

同様に、『100万回死んだねこ』は、人間が情報をどのように誤解し、記憶するかを顕著に教えてくれる、認知科学者にとっては貴重な材料です。ある司書さんは、「『ストラディバリウスはこう言った』って本ありますか？」と利用者に聞かれたと紹介されています。利用者が探していた本は何だかおわかりですか？　そう、ニーチェの『ツァラトゥストラはこう言った』（岩波文庫）です。

この利用者は、なじみのない外国語の名前を聞いたとき、それを、同じくらいの長さで同じくらいになじみのない別の外国語の固有名詞と混同してしまったのでしょう。

そう、言葉の長さなども混同する原因となるのです。

理解したからこそ間違える

クイズなら、リストに挙がっていないものを答えてしまったからといって、どうなるわけでもありません。本のタイトルも、笑い話で済みます。しかし、事件の目撃者となった場合には、「理解して記憶する」という特性は、マイナスに働きます。

強盗事件を目撃し、刑事に「そこにナイフはありましたか？」と質問されたとしましょう。すると一定数の人は、本当はナイフを見ていなくても、「ナイフがあった」と答えてしまいます。

これは嘘を言っているのではありません。あるいは記憶を引き出す中で、例えば被害者の出血がひどかったなどの記憶から、「確かにナイフはそこにあった」と思い込んでしまうのです。

人の目はカメラのレンズではありませんし、脳は見たものすべてを正しく覚えておくことはできません。

人は意味のない単語の羅列でも、理解の力を働かせてストーリーをつくることができ、それによって記憶力を高めることができますが、一方で、理解の力の働きによって記憶がねじ曲がってもいく、ということも起こります。

そしてやっかいなことに、**ねじ曲げられた記憶に関して話しているときには、真実を述べていないにもかかわらず、本人に嘘をついているという自覚はありません。その記憶は本人にとっては「真実」なのです。**

言っても伝わらないを生み出すもの②
「まんべんなく公平に見渡す」ことはできない、視点の偏り

前の項目で、「人の目はカメラのレンズではない」と書きました。私たちは、ただ「見る」「聞く」という動作においても、スキーマや思い込みの影響を受けています。視野に入っていることと、見ていることは違います。目の前にあるものが見えない。そんなことがあります。

私は以前、つるがオレンジ色のメガネをかけていました。あるとき、飛行機の中で、そのメガネをかけたまま寝てしまったことがありました。

いつの間にか落ちてしまったようで、目が覚めたときにはメガネはどこにもありませんでした。座席の周りにも落ちていなさそう。どうやらシートの隙間から、その下

に入ってしまったようでした。

シートはボルトで固定されているため、自分では取り出すことはできません。結局到着してから現地のメカニックの人に来てもらい、シートの下から取り出してもらうことになりました。


メカニックの人に「どんなメガネ?」と聞かれたので、私は、

「オレンジ色のフレームのメガネです」

と答えました。メカニックの人はシートを外し、懐中電灯を当てて探しています。

5分くらい探した後に、

「マダム、どうしてもありません」

と言いました。でも、飛行機に乗るときには確かにかけていたわけですから、ないはずはありません。

「この座席の下ですよね」

メカニックの人は指さしながら、シートの下を見せてくれました。するとそこには、ちゃんと私のメガネがあったのです。私が、

想像と異なるものは「目の前にあっても気づけない」

「これです」

と言って取り上げると、メカニックの人はあんぐり口を開けて、とても驚いた様子でした。彼は、ふざけていたわけでも、冗談を言っていたわけでもありません。ただ「見えていなかった」ようなのです。

「視野に入った＝見えている」ではない

目の前にあり、視野にしっかり入っているのになぜ「見えていなかった」のか。

それは彼が予想していた「オレンジ色のつるのメガネ」と、私のメガネが全然違うものだったからです。私は「オレンジ色のつるのメガネ」と言いましたが、そのつるはとても細くて、オレンジ色が目立つものではありませんでした。彼のイメージする「オレンジ色のメガネ」はきっと、つるが太く、全体がオレンジ色のものだったのではないでしょうか（かけるのに勇気がいりそうなメガネですが）。

まったく違うものを想像していたために、目の前にあるのに見えていなかった。認知の力はときに、そうした形で働くものなのです。

皆さんも、似たような経験はないでしょうか？

例えば、新聞広告で見た本を、書店で探しているとしましょう。置いてありそうなコーナーに行ってざっと見たけれども、見つからない。

「もしかして、この本屋さんには置いていないのかも？」

大きめの書店ならば店頭に「在庫検索」の端末があることも多いですから、調べてみると、確かにさっきまで見ていたコーナーに「在庫あり」と表示されている。コーナーに戻って見てみるけれども、やっぱりない。どうにも見つけられず、店員さんに聞いてみたら、なんと、自分の目の前の棚にたくさん積んであって、「どうして気づかなかったんだろう？」。

おそらく、近くの別の本に気を取られていたとか、カバーの色が思っていたものと違ったとか、様々な理由があるのでしょう。

視界には確実に入っているのに、見えていない、ということは、珍しいことではないのです。

このような人間の性質に気づければ、書類に一文、重要な断り書きがあったときに、「説明しなくても、書いてあるんだから大丈夫だろう」などという思考に「待った！」をかけることができるかもしれません。

書いてあった、その文章を見ていたからといって、それを本当に「読んで理解した」かどうかは、わからない。字面を「見て（視界に入れて）」いても、「読んで」いないこともある。誰が見ても明らかな注意書きがあったとしても、それを本当に「読んだ（つまり言語情報としてしっかり処理した）」かどうかは、わからない。**私たちの視点は、つねに偏っている**のです。

「認識」もまんべんなく持つことは難しい

この、「視野に入っているのに、見ていない」「見ているものに偏りがある」のは、物理的に何か物事を見ているときに限りません。聞くときにも起こります。

よくあるのが、夫婦の会話で、妻が夫に、

「話、ちゃんと聞いてるの？」

という場面ですね。

重要な情報を伝えられることがあらかじめわかっていて、注意を払って聞いていたとしても、聞いたことすべてを正しく捉え、覚えることはできません。だから伝言ゲームのように「聞いたことを次の人へ伝える」だけのことが面白い遊びになったりします。

さらに同様のことは、認識の上でも起こり得ます。

新しいゲームが欲しい子どもは、しばしば親にねだるときに、

「みんな持っているから、買って！」

という言い方をします。このとき、

「Aちゃんは持っているの？」

と適当に子どものクラスメートを挙げると、

「Aちゃんは持ってない」

「じゃあ、Bちゃんは？」

「Bちゃんは知らない」

なのに、子どもは嘘をつくつもりなく「みんな持っている」と思っていたりします。

個別に聞けばみんなじゃないのに、それでも「みんな持っている」と思い込んでしまったならば、**自分に合う情報だけが際立って見えていた**というわけです。これが、認識が偏ってしまっているということなのです。

過剰一般化が「伝わらない」の原因に

この子どもの例にもあるように、私たちはまんべんなくものを見たり認識したりすることができないばかりでなく、**目に入ったり認識できたりしたごく一部の情報が「すべて」だと思い込んでしまう**傾向にあります。大人になってもそれは変わりません。

例えば数年前に、アメリカで、ある国や人種の人、思想信条の人を入国制限しようという大統領令が出されました。ある人がテロ行為を行ったときに、その人の国や人種、同じ思想信条の人すべてをテロリストだと考えてしまう。こういう思考バイアスを「**代表性バイアス**」といい、代表的な事例をすべてにあてはめて考える現象を「**過剰一般化**」といいます。

しかし当然ですが、**ある個人の行動が、その集団すべてを代表するものであるとは**

限りません。ある町内で万引きが起こったとしても、その町内に住む人みんなが万引きをするなんてことはあり得ないはずです。

それなのに、誰か特定の人の行動を見て、「アメリカ人は〜」「日本人は〜」「20代の女性は〜」「これだから男は〜」「最近の若者は〜」などと決めつけてしまいがちです。

特に、そこに感情的なものが関わってくる場合には、過剰一般化をより起こしやすくなります。例えば「〇〇人」に対する印象が悪い国では、自分の意見もそれに同調するようにつくり上げられることが多いのです。自分の感情だけでなく、世間的なものもここには含まれます。

あるいは、私たちは、ある1人の人についても、たまたま目についた特徴だけを拾い上げて、「〇〇さんは〜だから」と過剰一般化してしまうことも珍しくありません。たまたま一度、やむにやまれぬ事情があって遅刻をしただけなのに、自分の気持ちが急いているときは、「この人は時間にルーズだ」と思ってしまったり、ちょっとした細かいミスを指摘したら「些細なことにこだわる面倒くさい人だ」と思われてしまったり。

子どもたちの間でこの「過剰一般化」が行きすぎて、いじめにつながることもあるのです。

そうしたときに、「決めつけるのはよくない」「相手の気持ちを考えよう」と言ったところで、誰の心にも響くはずはありません。

私たちが知識や情報を受け取り、理解し、記憶する際、何かしらの偏りが必ず生じています。自分に合わない情報は、そもそも頭に入ってきません。また、スキーマによって、**捉えているものは人によって変わります。**だから、指摘されるまで気づかないのです。

「エコーチェンバー現象」は、SNSなどで同じような意見を見聞きすることで、自分の意見や思い込みが強化されることです。しかしこの現象は、ネットが出現するはるか以前から存在しています。私たちはつねに自分たちの見るもの・聞くものにフィルターをかけており、「見聞きしたくないものはブロックする」「思い出したいものを想起する」ということをしているのです。

目に入っていても見ていない。耳に入っていても聞いていない。様々な情報の中から、自分に都合のいいものだけを無意識にピックアップして、それがすべてだと思い込んでしまう。

こうした認知の性質が、「言えば伝わる」「話せばわかる」を支えるものでもあり、また妨げるものでもあるのです。

言っても伝わらないを生み出すもの③
「専門性」が視野を歪ませる

コロナ禍《か》では、重要な意思決定を迫られる場面が多くありました。

私は大学で教えていますから、学生の授業や大学院生の研究をどのように行っていくかをつねに考えなければなりませんでした。

開催するか、中止するか。

対面で行うか、オンラインで行うか。

感染の危険を考慮しながらも、学生の学びを止めないことも考えなければなりません。さらには、人と会わず、外出や外食を控えることによるメンタルヘルスへの影響も同時に考えるとなると、いったい何を基準にすればいいのか。

私は新型コロナウイルス感染症の専門家ではありませんから、こういった判断の一つひとつに頭を悩ませました。

専門家はなぜ「違うことを言う」のか？

さて、このように判断に迷った際、多くの人は「専門家の意見」に耳を傾けることになると思います。コロナ禍は特にそうで、テレビなどのメディアには、「〇〇の専門家」という人が代わる代わる呼ばれて、意見を求められていました。

しかし、一般視聴者としては、「専門家」たちが、それぞれ、まったく異なる意見を述べることが頻繁に見られたことが気になり、困ったのではないでしょうか。

冒頭の、望ましい授業のあり方についても、尋ねる相手が変われば意見も違う。「同じデータを見て、同じ社会状況を踏まえているはずなのに、なぜ？」と思い、専門家に不信感を抱いた方もいるのでは。

しかし、認知心理学を「専門」とする身から言わせてもらえば、**専門家によって意見が違うのは、当然のこと**といえます。

ここで、Aという分野の専門家がいると仮定します。その専門家はどういう人か。A分野の知識が大変豊かで、A分野に関わる情報に豊富なスキーマを持っています。

そのため、何かデータを見たとき、ものを考えるときにも、その特定のスキーマを通して現象を見るので、特定の考え方の傾向が生まれることとなります。

そしてこの考え方の傾向は、何を専門にするか（専門分野はAなのかBなのかCなのか……）ということによって、がらりと変わります。

1つの物事でも、「専門」によって「正しい意見」はバラバラで当然

感染症の専門家、内科の専門家、経済の専門家、物流の専門家、公衆衛生の専門家、ワクチンの専門家などなど。バックグラウンドが様々な専門家が集まれば、「こうしたほうがよい」という結論もそれぞれが違って当然です。

公衆衛生の専門家であれば、「ステイホーム」が理想でしょうし、経済の専門家はそれによって経済活動が止まってしまうという危機感を覚えるはずです。

大きく捉えれば、「新型コロナウイルス感染症の蔓延《まんえん》を防ぎながら、経済活動や生活を維持する」という目的は同じですが、それに対する態度は180度変わります。

それなのに、「全分野を代表した意見」を求めようとするから、専門家としても困ってしまうわけなのです。

この事柄に関連して、個人的には、「その役割こそが政治に求められるものなのでは？　それぞれ自分の専門分野から正しいことを言っている専門家の意見に軽重をつけて、国として何を重視していくか。これこそが政治なのではないか」と考えていたのですが、先日読んだ、新型コロナウイルス感染症の政府・分科会長である尾身茂《おみしげる》さんの著書『1100日間の葛藤　新型コロナ・パンデミック、専門家たちの記録』(日経BP)に、その内幕が明かされていました。

2020年2月、厚生労働省から依頼され、尾身さん他11名が「新型コロナウイルス感染症対策アドバイザリーボード」のメンバーに就任したそうです。その後数日で会合が開かれ、早々に「アドバイザリー・ボードメンバーからの新型肺炎対策（案）」

は政府に提出されていました。しかしその後、第2回、第3回と専門家会議が開かれても、政府からの公式見解は打ち出されなかったそうです。政府としては、対策がない問題点を指摘しても市民が不安になるだけなので、慎重にならざるを得なかったのではないか、と尾身さんは考えていたといいます。

一方で、尾身さんは30年以上、国内外で感染症対策に関与している中で、不確実性がつきものの感染症については、「何が分かっていて、何は分かっていないか。どこまでエビデンスがあるのか。またエビデンスがない場合にもその時点で何らかの判断をせざるを得ないことがあるが、その根拠は何か。こうしたことをできるだけ分かりやすく丁寧に説明することが、国の政策に対し市民に理解と納得をしてもらう上で必須」と捉えていました。

そうした経緯で、当時の厚生労働大臣・加藤勝信《かつのぶ》氏に、国の公式の見解ではなく、専門家独自の見解として発表してよいか、直談判されたそうです。

通常、政府の有識者会議で、会議が終わるたびに座長が記者会見を実施することはあまりありません。さらに今回は、公式見解が出る前のことでもありました。

そのため、専門家が実名で自身の見解を公表することに対しては、当初、厚生労働省は難色を示していたそうですが、加藤大臣のお墨付きを得たこともあって、実現する運びになったようでした。見解の公表によって、私たちはある程度の行動指針を得ることができましたが、一方で、「前のめり」と批判されたり、ときには殺害予告までされたりしたこともあったと、前述の本には書かれていました。


さて、こうした内幕ではあったものの、政府が公式見解をなかなか出さなかったことで、政府のお墨付きの専門家だけでなく、様々な専門家の意見がニュースなどで飛び交うことになりました。結果として、

「違うことを言う専門家がいて、誰を信じればいいかわからない」

と感じた人が出てしまったのでしょう。

ただ、新型コロナウイルスのような不確実性の高い出来事が、これからも起こらないとは限りません。

そのため「専門家が言っているから本当だ」という妄信的な態度でいれば、視点が大きく偏っていたり、その専門家の専門分野外の重要なポイントを見落としてしまったりする可能性もあるでしょう。

あるいは、「政府が言うんだから間違いない。自分で考える必要はない」という態度でいることもまた、考えることを放棄した、無責任な態度と言わざるを得ません。自分がどういう行動を取るのか。なぜその行動を取るのか。その結果、どんなことが起こり得るのか。それに対して自分はどういう態度を取るのか。

こうしたことについては、おのおの考える必要があるでしょう。

その道を突き詰めることは、偏ること？

この、新型コロナウイルス対策の事例から何をお伝えしたいかというと、**仕事でも研究でも何でも、「専門性を追求する」というのは、ある部分をどこまでも深掘りす**

るということです。それはある意味で、視点を偏らせることでもあり得るということなのです。

89ページで、私たちの視点には何かしらの偏りがある、という話をしました。このような話を聞いて、「偏らず、まんべんなく見える視点を持つことが大事だ」と思った方がいるかもしれません。

しかしそれは、必ずしも正しいことでも、可能なことでもないかもしれません。

それは、私たちはいわゆる専門家ではなくても、つねに何かの「立場」からものを見て、判断しているからです。しかも、その立場というのは、1人1つというわけでもありません。

前述の『1100日間の葛藤』には、政府とのコミュニケーション、市民とのコミュニケーションの難しさも書かれていました。

「無症状の人でも（周囲の人を）感染させる（可能性がある）」ということは、感染拡大を防ぎたい専門家としては、しっかり発信したい事柄でした。一方、政府には前述のように、対策のない不都合な真実を公表すれば国民に不要な不安を与えかねないという考えがあります。

そもそもこうした立場の違いによる葛藤があった中で、さらに流行している地方自治体が、

「現場が混乱しないよう、無症状者による感染拡大には言及しないでほしい」

という意向を示しているという情報が入ったそうです。

結果的に2020年2月に尾身さんが示した見解からは、「無症状」という言葉は外されることとなりました。それについては、「パンデミック初期から都道府県との関係が悪化すればその後の連携が難しくなると思った」とも書かれていました。

このとき、尾身さんは、感染症の専門家であると同時に、政府の有識者会議のメンバーでもありました。そしてその後も都道府県をはじめ、関係各位に感染症対策への協力を求めていかなければいけない立場でもありました。

専門家としての視点の偏り、有識者会議メンバーとしての偏り、国全体の感染症対策を率いる者としての偏り……と、それぞれの偏りがあるからこそ、より深く多面的

に物事を捉えることができるのです。この視点の深さは、「偏りなく、まんべんなく見る」という態度のままたどり着くのは難しいでしょう。

これはビジネスシーンでも同じだと思います。人は、つねに自分の専門とする分野、自分が詳しい業務、これが自分の仕事だと思っている範囲に偏った考え方をするものです。そして、そうした**偏った視点や考え方を持った者が集まって、仕事は進んでいきます。意見を擦り合わせたり、歩み寄ったりすることで、より広い視点を獲得することができる**のです。

その点では、マーケティングの担当者が、同業他社がまだやっていない、高い効果が見込める施策を提案したときに、別の部署の人が、

Aさん「今すぐやりましょう」
Bさん「準備に1カ月は必要ですね」
Cさん「できませんね」

などまったく異なる意見を出し、平行線をたどってしまうのは仕方のないことだとい

えます。

視点が違う状態でただ同じ議論を繰り返していても、お互いまったく相容れないことになります。何かを信じれば信じるほど、自分が論理的であると思っていれば思っているほど、他の人の意見が「間違っている」と思えてしまう。相手を攻撃してしまうこともあるでしょう。「なぜそのように考えるのか、まったく理解できない！」ということになってしまうからです。

このときに必要なのは、新しい施策を、手を変え品を変え魅力的に、あるいは丁寧に説明することではなく、それぞれがどんな視点からその意見を言っているのかを考え、聞き取り、それぞれの懸念を払拭していくことです。

まずは自分がマーケティング担当者として、何を目的に提案をしているのかを明確にすることです。そして一歩踏み出して、「相手の視点の偏りはどこにあるのか」を考える。

そうすることで違う考えに対して寛容であることができますし、今より少し自分の枠組みから距離を取って、相手の意見に耳を傾けることができるようになるはずです。

こうしたプロセスによって、Bさんの発言が物流面での懸念を踏まえたものであり、Cさんの発言がコストへの懸念によるものである、など、それぞれの考えがわかれば、「言っても伝わらない」「話してもわからない」を越えていけるのではないでしょうか。

専門家や会社と一般の人のコミュニケーション

新型コロナウイルス感染症対策においては、「専門家（尾身さん）と行政（政府や都道府県）」のコミュニケーション以外にも考えなければいけない点がありました。それは、「専門家（尾身さんや政府・都道府県）と一般市民」のコミュニケーションです。

尾身さんは、コミュニケーションで悩んだ点として、「提言書をできるだけデータなどを基に示してきたが、『非難している』かのように受け取られ、批判されたことが時々あった」と指摘しています。その事例として挙げられているのが、若者です。

新型コロナウイルスは、若い年齢層の多くは感染しても軽症や無症状で済むという傾向が見られました。そのため、そうした人たちが知らず知らずのうちに感染を広げているのではないかという発信を行いました。
それに対して、「コロナの感染拡大を若者のせいにしている」という声が寄せられたのです。

尾身さんは、若者に関しては、実はこうした意見が出るのではないかという懸念を、早くから抱いていたといいます。そのため、「本人たちに責任はない」など発信の仕方に気を遣っていましたが、それでも若者からは「なぜ非難されるのか」という声があがってしまったと書かれています。

尾身さんの発信の意図は感染拡大防止であり、その発信はデータに基づいてなされました。もちろん若者を傷つけようとか、ターゲットにしようという思いはまったくなかったはずです。
さらには、自身の発信が、誤った解釈をされるリスクにまで気づいて、事前に配慮しての発信でした。

それなのに、想定の範囲を超えて、違うメッセージを受け取ってしまった人たちがいた。これは、「専門家―市民」という構図ではなく、「会社（製品の作り手）―利用者」にも起こり得ることではないでしょうか。

数年前に有名企業のＣＭの「炎上」が相次いだ背景にも、こうしたメッセージの受け取り手の違いによる見え方の違いがあったこと、そのリスクを十分に認識できていなかったことがあったと思わずにはいられません。

ここでお伝えしたいのは、「誤解を招く発信をするのはよくない」とか、「誤解するほうが悪い」とか、「たとえ誰かを傷つけることになっても、目的が正当であったり、データに基づく話であったりするならば許容されるのか」とか、「リスクを事前に考えておけ」とか、そういったことではありません。

専門家である以上、あるいは、何らかの立場にいる以上、「視点の偏り」は必ず起こります。そのコミュニケーションの難しさの中で、私たちがどう振る舞うべきなの

かということについて、考えてみてほしいのです。

誰もが、自分とは違う方向に偏った知識や関心、専門性を持っています。その人たちと、どのように折り合っていくのか。どのような関係を築いていくのか。ビジネスパーソンに限らず、すべての人が考えておかなければいけない課題だといえるでしょう。

言っても伝わらないを生み出すもの④

人間は「記憶マシーン」にはなれない

先日、飼いネコにマイクロチップを入れようと思い獣医さんに連れて行きました。「2022年6月以降に新たに犬やネコをペットショップやブリーダーから購入する場合は、マイクロチップの装着が必要」というニュースを見たからです。

いつもの獣医さんにマイクロチップを埋め込んでもらい、その後、リーダーの番号とチップの番号が合うかをチェックしてもらいます。

しかし、なぜかそれが合わない。「あれ？　あれ？」と獣医さんも慌てています。

そして数分後、意外なことがわかりました。なんと、うちのネコは、今回埋め込む前から、別のチップがすでに入っていたのです。

最初のチェックの際に反応していたのは、その古いチップでした。新しいチップのほうもその後、反応したことで、今回の顛末《てんまつ》が明らかになったのでした。

さて問題は、古いほうのマイクロチップは誰が、いつ入れたのか、です。

その獣医さんには長く通っていますが、カルテに記録はなく、獣医さん自身も、うちのネコにマイクロチップを入れるのは今回が初めてと言っていました。では誰が？

そのとき、それまではまったく覚えていなかったのですが、ペットショップで購入した際に業者が埋め込んだということを思い出しました。説明は受けたものの、その後、すっかりその記憶がなくなってしまった、というわけです。

結局、そのときに埋め込んだ新しいチップを取り出さなければならず、ネコには余分に痛い思いをさせてしまいました（ごめんね、ゆきちゃん）。

「人は忘れるものだ」ということすら、忘れてしまう？

人間は記憶マシーンではありません。記憶というのは非常に脆弱なものです。経験をしたときには「このことは絶対に忘れない」と思っていたことでも、少し時間がたつとすっかり忘れてしまうことが頻繁にあります。

大切にしているネコのことさえ覚えていられないのですから、ましてや意識していなかったことであれば、覚えているほうがまれなのです。

人は、こうして忘れてしまうものである以上、**せめて「人は忘れるものだ」ということだけでも記憶にとどめておかなければいけません。**これは、仕事でも、それ以外の事柄でも同様です。

例えば、部下が大切な書類の提出期限を忘れてしまったとき、

「今日までに提出しろと、先月、言っただろう！　なんで忘れるんだ！」

などと、厳しく注意をするのは、あまりおすすめできません。

そもそも「今日までに提出しろと、先月、言った」という記憶が正しいか、という問題もあります。他の人が忘れず提出していたとしても、その部下だけ離席していて聞いていなかった、ということだってあり得ます。

さらには、そんな大切な書類なのに、先月言ったっきり、締め切りまで放置、という仕事の仕方にも問題があります。１週間前や数日前にリマインドすることだってできたはず。

仕事のできる人というのは、「相手も自分も忘れる可能性がある」ということをわかっています。そして**それを回避する方法をあらかじめ見つけています。**皆さんは「自分も相手も忘れる前提」で仕事をしているでしょうか。

「忘れない」は本当に大切か？

「どうして忘れちゃったんだろう？」

さて、大切な仕事をうっかり忘れてしまったならば、誰でもそう思い、落ち込みます。

仕事のことでなくても、家族の誕生日などの大事な記念日や、何かの約束を忘れて、ひたすら謝罪するしかなかった、などという経験のある方は多いのではないでしょうか。メモをとる？　いやいや、メモを見ることすら忘れてしまったりして……。

忘れて焦った経験や怒られた記憶が忘れられずに残るからか、記憶にとって大切なことは「忘れないこと」だと思っている人が多いと思います。

実際、「加齢による物忘れ」に悩む人も多く、また第1章でも「言ったことが忘れられてしまって、伝わらない」という事例を紹介しましたから、どうにかして「忘れない方法」を見つけたい、と思われる方が多いのもうなずけます。

しかし、認知科学の視点で見ると、**「忘れること」は、とても重要な能力**だともいえます。どういうことなのでしょうか？

「忘れること」が人間にとって大事な理由、それは、私たちが単純に覚えられる記憶の容量は、実はかなり小さいことがわかっているからです。

私は、教育にイノベーションを引き起こしたい、という思いから、「ABLE-Agents for Bridging Learning research and Educational practice」という取り組みをしています。

世界中から、認知科学を中心に様々な領域の研究者を招き、教育実践を日々行っている人々、社会変革の担い手となるべく強い思いを抱いている人々に橋渡しをするという取り組みです。2012年に始め、コロナ禍によって最近はオンラインが中心の活動にもなっていますが、理論や知識だけでなく、経験をシェアすることによって新たな知の創造にもつながっていければ、と考えています。

そのABLEに、認知科学者で米国ブラウン大学のスティーブン・スローマン教授をお招きしました。2021年のことです。

スローマン教授は、私たちの記憶容量は「1GB」ほどしかない、とお話しされていました。いまやコンビニで1個600円程度で購入できる16GBのUSBメモリですら、人間の16倍の記憶容量があるわけです（詳しくは、スティーブン・スローマン、フィリップ・ファーンバック共著、土方奈美訳『知ってるつもり　無知の科学』（ハヤカワ文庫）を参照）。

最新のiPhoneなら、一番容量が少ないものでも、128GBもあります。私たちが128人集まってやっと、iPhone 1台（それも低いスペック）のものと記憶力で勝負できるというわけです。人間は記憶貯蔵装置ではないのです。

容量がいっぱいになってしまったメモリやスマートフォンは、保存データを消すか、新しく買い替えるしかありません。

人間の脳は、買い替えることは当然できませんから、保存していたデータをなんとかするしかない。しかし、電子機器のように画面を確認して「残す情報」と「消す情報」を仕分けることはできません。それで、必要だと判断された情報を残し、不要だと判断された情報を消す、ということが日々、ごく自然に行われていることになります。


この情報の代謝は私たちにとって不可欠なもので、「忘れられない」ことはしばしば治療の対象ともなります。トラウマなどがいい例ですね。出来事の衝撃が強すぎて、忘れてしまいたいことでも記憶から消えなくなってしまう。

しかも、その記憶が事実ではないこともあります。前述のように、理解や記憶はスキーマの影響を強く受けるためです。イヤな記憶、しかも必ずしも事実ではないもので長期間苦しめられるとしたら、それは大変つらい経験となります。

記憶容量選手権での「人間」の成績は？

忘れるからわかる

私たちの記憶が、ある程度「雑」だというのは、実は私たちにとっては必要なことでもあります。

最近は、顔で認証するなどのＡＩ技術も発達しています。そうした技術では、目、鼻、口などの特徴的な位置や、パーツの大きさなどを基に、登録された情報と本人照合が行われています。

その技術はすばらしいものの、では、20年前に登録した顔と照合して、同一人物と認証できるかといえば、それは難しいのではないかと思います。

一方、私たちは、20年ぶりの同窓会でも、ある程度、顔を見れば誰だか思い出せるでしょう。

あるいは、コロナ禍でマスクをした状態でずっと会っていたとしても、マスクを外した姿を見て、だいたいは見分けがつきます。

こうした、**「厳密には同じでないもの」を、記憶の中から引っ張り出してきて「同じだ」と捉えることができるのは、人間が「忘れる」ことを前提に、大事なことや本質的だと思うことのみを記憶し、想起しているからです。**人と対面で話しているときに、相手の顔を細部まで見て覚えてはいないかもしれません。それでも、次に会ったらその人とわかる。しばらく時間が空いても、だいたいわかる。

こうした柔軟さもまた、人の「忘れる」という特性と密接に関わっているのです。

かといって、忘れられては困る。ならばどうする?

「忘れる」ことは人間にとって重要な能力だ、ということをいくら踏まえたとしても、「言えば伝わる」「話せばわかる」ということを考える上では、この記憶容量の小ささは、ちょっとしたトラブルのもとに他なりません。

「言われたのに、忘れてしまう」ことが起こってしまい得るからです。これはどうしても防ぎようがなく、対処法としては、やはり「忘れてもいいように、何らかのツールで、きちんと記録しておき、記録を必ず見る習慣をつける」「自分にも相手にも繰り返しリマインドする」などするしかないでしょう。ただ、忙しい毎日の中で、失敗なくそれを実行することは、多くの人にとって難しく、完璧にやろうとすると、他のことに支障が出てしまうかもしれません。

ちなみに、世界には「記憶力選手権」などの競技もあるように、覚える工夫をすることで、短時間に大量の情報を記憶する方法があることもわかっています。「記憶術の達人」が書いた本も数多く出版されていますが、その中で紹介されている「大量の情報を一気にインプットする」方法として有名なのは、ローマ人が「場所法」と呼び、のちに「記憶の宮殿」と称されるようになった方法です。

これは自分になじみのある場所を思い浮かべ、そこに記憶しておきたいものを「置いていく」方法です。例えば「バナナ、洗剤、卵、ティッシュ、牛乳」という買い物リストを暗記したいなら、「自分の家の玄関のドアノブになぜかバナナがぶら下がっ

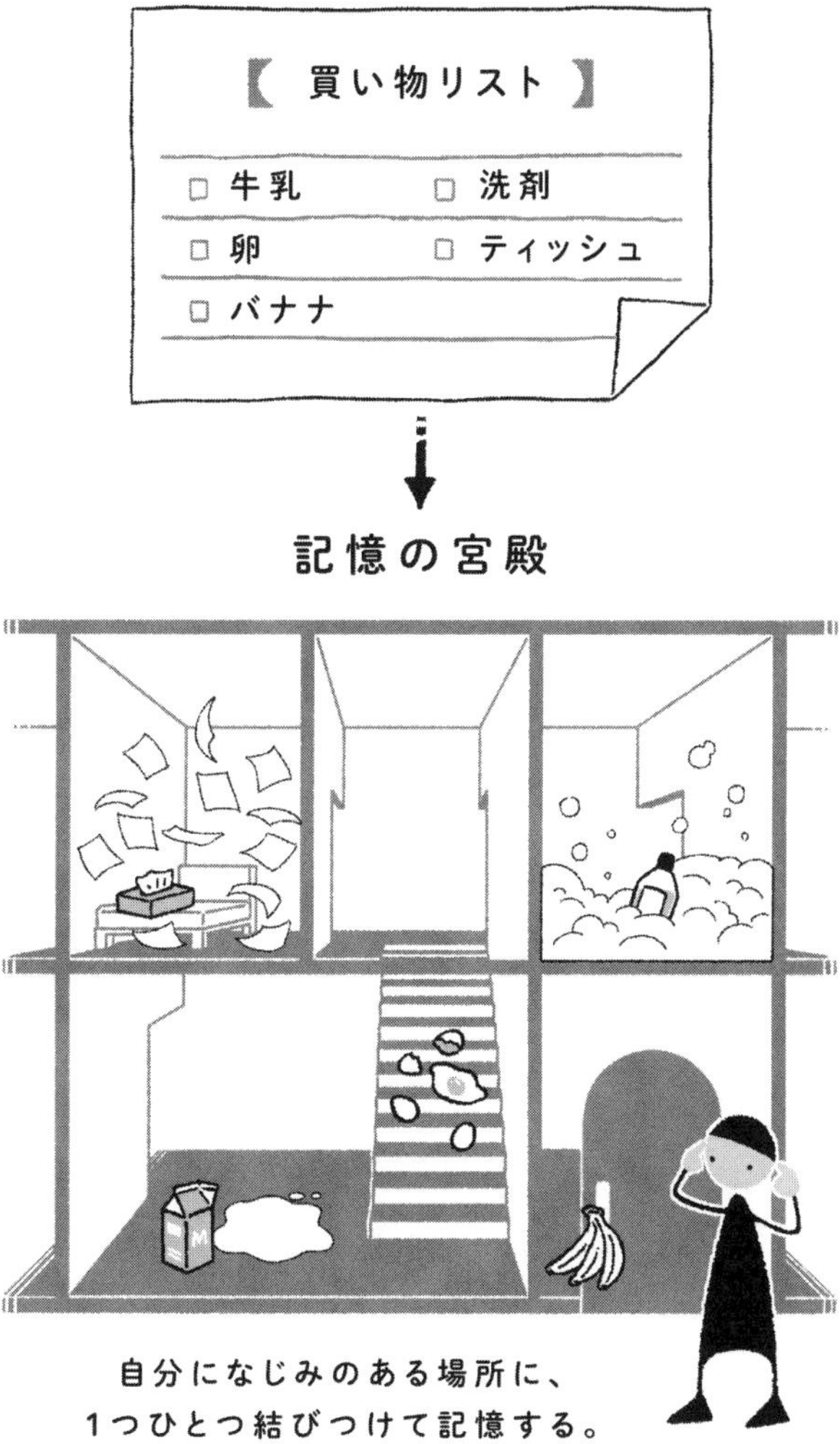

大量の情報を一気にインプットするにはコツがいる

ている」というところからスタートし、「応接間は洗剤が泡立っていて、廊下には牛乳、階段には卵が落ちていて……」というふうに景色を描いていきます。思い出すときには、バナナがぶら下がっている玄関のドアノブを開けばいいのです。

この「記憶の宮殿」に置く際のイメージは「面白くて、下劣で、奇想天外なほどいい」といいます（『ごく平凡な記憶力の私が1年で全米記憶力チャンピオンになれた理由』ジョシュア・フォア著、梶浦真美訳、X-Knowledge）。

その反面、こうした記憶術の達人たちは、積極的に「忘れる」ことも取り入れていると聞きます。

例えば日本では、百人一首をはじめとする「かるた」の大会がありますね。こうした競技の選手は、自分の前に並べた札の位置を暗記しますが、次の試合のときに「前の試合の札の位置」が記憶に残っていると、間違ったところの札を払ってしまうといいます。前の記憶を消し、新しい記憶を上書きする。その訓練が必要なのだそうです。

単に「覚えておければいい」というのとは違う、記憶（と忘却）の能力が求められることがよくわかります。

身体の一部になるまで繰り返す

以前、棋士《きし》の島朗《しまあきら》九段の本を読んだ際に、どのように将棋を勉強したかが書かれている箇所がありました。将棋は、まさに膨大な量の記憶が求められる職業です。どれだけの盤面を経験し、記憶するか、また試合の中で引き出せるかが、勝敗を分けるともいわれています。

その本で島さんは、「とにかくその棋譜《きふ》を徹底的に暗記する」と書かれていましたが、実はその暗記は、私たちが普通に思う「暗記」とはずいぶん違っています。ある定石を学んだら、それを完全に再現できるまで何度でも考えながら再現してみるそうです。そしてそれを「自分の立場と対戦相手の立場の両方」から行うといいます。

ある定石を身につけるために、誰かの勝負の棋譜を使い、勝った人の立場からそれを再現する。そして同じく負けたほうの立場からも再現する。島さんはここまでやって、やっと「暗記できた」という解釈なのですね。

これは、普通に考える「暗記」ではありません。分析し仮説を立てて検証している、あるいは記憶にタグづけしてカテゴリー化をしている、ともいえるでしょう。

このように、「暗記」という言葉は、かなり広い範囲で使われており、多くの「暗記はいいものか」といった議論では、この「暗記」という言葉の定義があやふやなまま用いられているように思います。

言葉通りの暗記であれば、丸暗記をしたからといって、それが身につくわけではありません。そこから先、身につけるところまで繰り返したり、分析したり検証したりするのかどうか。

そうすることによって、大事なところや既存の知識に紐づけられるところは記憶に残り、そうでないところは消え去っていくのです。

言っても伝わらないを生み出すもの⑤
言葉が、感情が、記憶をどんどん書き換えていく

人間の記憶には、「容量が小さい」という以外にも、少しやっかいな性質があります。それは、前にも述べましたが、**一度記憶しても、ちょっとしたことでその記憶が書き換わってしまう、**という点です。

車が電柱に激突しているビデオを見せて、その場面をどのくらい正確に覚えているかを調べた「目撃者の記憶」の実験があります。前にも紹介した米国ワシントン大学のエリザベス・ロフタス教授らの実験です。

被験者にはビデオを見た後で、「ヘッドライトが壊れているのを見たか？」という質問を、次のように冠詞を変えて質問しました。

Did you see **a** broken headlight?
Did you see **the** broken headlight?

こう聞いたときに、the という定冠詞を使った文で質問された人のほうが、「見た」と答えた割合が高くなりました。それはなぜでしょうか？

英語母語話者にとって、「a」と「the」に含まれる意味は全然違います。「the」を使うということは、それがあったのが前提。つまり「あったけどそれを見たでしょ？」という意味に取れる。一方で「a」はよりニュートラルに「見た？」と聞いていることになるからです。

このように聞き方によっても、同じ映像を見た人の記憶は変わっていきます。相手から発せられた冠詞ひとつが、あなたの記憶を書き換えてしまうわけです。

ここでは英語の例を紹介しましたが、日本語でも同様のことは起こり得ます。例え

ば、事件の目撃者になったとして、

「髪の長い女性は現場にいましたか?」

と聞かれるよりも、

「あの髪の長い女性は現場にいましたか?」

と聞かれるほうが、その女性が現場にいたかどうかは置いておいても、「誰か女性を現場で見た」気がしませんか?

「そんな気はまったくしない、そんなわけはない」という人ほど、もしかしたら気づかないうちに記憶の書き換えをしてしまっているかもしれません。


ある日打ち合わせで訪問した会議室について、

「あの部屋の時計は白でしたか? それとも黒でしたか?」

と聞かれれば、多くの人は色は覚えていなかったとしても、「時計のある部屋」だという認識は持つでしょう。

後日、「訪問した日には、たまたま時計がなかった」と言われて、それが真実だったとしても、「そんなはずはない」と思う人が多いのではないでしょうか?

感情も記憶を書き換える

記憶を書き換えてしまうのは、他人から投げかけられる言葉だけとは限りません。**その人自身の感情もまた、記憶を書き換える要因の1つ**です。

知り合いのTさんがこんな話をしていました。

大学時代の友人であるNさんと久々に会い、学生時代の話をしていたときのこと。ちなみにNさんの奥さんも同じ大学のゼミ仲間です。

その日、たまたまゼミの夏合宿の話になりましたが、Tさんは「ゼミの夏合宿」の話をすること自体が30年ぶり。Tさんが思い出せるのは、「海の近くの宿に泊まった」ということくらいで、Nさんが語る思い出話は、「そんなことあったっけ？」という連続だったといいます。

奥さんの昔話とともに語られるNさんの思い出話は、そのエピソードの多さ、そして密度の濃さに驚いたそうです。

こういったことはよく起こります。

Tさんのように想起する頻度が少なければ、記憶はどんどん薄れていきます。一方Nさんは、ご夫婦で合宿の話をする機会があり、何度も想起していたのでしょう。また、ご夫婦にとって「いい思い出」でもあったのではないでしょうか。

ただNさんのように何度も想起したからといって、記憶が当時のままで保存されているかということ、決してそうではありません。想起すればしたで、その際、外部から新たな情報が加われば、最初の記憶自体が歪んでしまうこともよくあるからです。

Nさんのように、ご夫婦で頻繁に思い出話をしている場合、一方に間違った記憶があると、それが聞いたほうに刷り込まれてしまうことがあります。ですから夫婦で話しているうちに、本来とは違う方向に記憶がつくり上げられることはままあるのです。

多くの人にとっては大したことのない出来事であったとしても、それが2人の出会いにとってすごく重要な出来事であったなら、記憶は脚色されて特別なものになります。もちろん本人たちに「記憶をつくり替えている」という意識はありません。

これは「思い込みはどのようにつくられるのか」という、かなりいい事例になると思います。感情というのは、このように記憶を歪ませる1つの大きな原因だからです。

「なぜ？」から始まる推測が記憶を書き換える

人はもともと、様々なことに対して、「なぜ」という理由や因果を推測します。ネガティヴな感情を持っていると、「なぜこういうことをするのか」という推測もネガティヴに脚色されます。そして自分の推測があたかも現実のことであるように記憶されてしまうのです。

例えば「先生に注意された」という事実がいつの間にか「先生は声を荒らげて怒鳴りつけた」という記憶に変わってしまったり、「上司に相談をしようと思ったら、たまたま忙しいタイミングだったので『あとで』と言われた」という事実が「上司は自分の相談には乗ってくれない」とか「自分を避けている」などという思い込みになってしまったり。

こうしたネガティヴな感情に紐づく記憶は、思い出すうちにマイナスのループに陥って、負のサイクルにはまってしまうことがあります。ときに、病的なまでに強まってしまい、自力で脱出することが困難になってしまうことさえあるのです。

言っても伝わらないを生み出すもの⑥
「認知バイアス」で思考が止まる

私たちはしばしば、

「これだけ丁寧に説明したのに、わかってもらえない」

「どう考えてもこちらが正論なのに、伝わらない」

という事態に遭遇します。長年同じ職場で働いていて、そこそこの専門知識を持っている者同士であっても、それは同様です。


なぜ、そんなことが起こるか。第1章で述べたように、コミュニケーションの過程では必ずその人の持つスキーマが介在するからです。

繰り返しになりますが、スキーマは、私たちが物事を理解する際に裏で働いている基本的な知識や思考の枠組みであり、それがときにフィルターとして働くことで、コミュニケーションに支障を来してしまうことがあります。

こうした偏見や先入観、歪んだデータ、一方的な思い込みや誤謬《ごびゅう》を生み出す私たちの認知の傾向を、「認知バイアス」といいます。認知バイアスには様々な種類があり、97ページでご紹介した「代表性バイアス」も、この認知バイアスの一種です。

誰かの価値観が、合理性よりも重視される⁉

前述のスティーブン・スローマン教授の『知ってるつもり 無知の科学』では、様々な「認識の罠《わな》」が取り上げられています。ここでは認知バイアスに関する部分を取り上げます。

人工妊娠中絶を認めるかどうかは、アメリカの世論を二分する問題です。

しかしスローマン教授は、これらの問題について人々は、それぞれが政策を検討し、その政策がもたらす結果を考えた上で「賛成・反対」を示しているのではないといいます。そうではなく、自分が持つ「神聖な価値観」によって決め、そしてその決定を正当化するために理由を後づけで持ってきていることが多いというのです。

ある人にとっての神聖な価値観は「人工妊娠中絶は胎児に対する殺人に他ならない」というものですし、ある人にとってのそれは「女性には自分の体を守る権利がある」ということになります。

こうした「神聖な価値観」を前提とした判断のため、多くの人は自分の決定に自信を持っていますが、その決定に至った理由を論理立って説明することはできません。

自分と違う主張の人が、いくら追加で知識や情報を用意しても、ほとんどの場合、自分の判断に影響を与えることはありません。さらに、その人の主張の論理的な破綻をいくら説明しようとしても、聞く耳を持ってもらえないでしょう。

スローマン教授は、神聖な価値観とは「どのように行動するべきかの価値観」であり、「物事を過度に単純化するためのツール」であると指摘します。

要するに、熟慮して出した結論だと見せかけて、実際は厄介な細々とした因果分析をする手間を省いて自身の価値観から自動的に結論を持ってきただけで、証拠を吟味するなどの思考はほとんどまったくといっていいほどしていない、というわけです。

そして残念なことに、こうした**「神聖な価値観」による物事の単純化を、私たちは日常生活の中で、頻繁に、無自覚に行っています。**

「価値観を押しつけるな」という主張もまた、価値観の押しつけか？

2022年末、ある町が公式に出した移住者向けの案内が、話題になりました。その案内の内容は、町民としての意識を持ってほしいこと、都市生活よりも自然（豪雪など）の影響が強く注意が必要なこと、都市とは異なる人付き合いの濃さや支え合いの精神への理解を示してほしいことなど。移住後にトラブルにならないように気をつけてほしいことをあらかじめ示している、そんな位置づけの案内です。

その案内が話題になった理由はいくつかあると思いますが、私が特に気になったのが、「都会暮らしに染まった自分の価値観を地域に押しつけない」などの、価値観についての記載でした。

おそらくその町では、これまでに移住者との間で様々なトラブルがあったのでしょう。苦労をした人も多いのかもしれません。

これらの条文からは「新参者が自分たちに合わせるのは当然」という価値観が感じられ、反感を覚える人が出たのかもしれませんが、この町の住人にとっては自分たちの慣習が「神聖な価値観」に当たるのだと思います。

繰り返しになりますが、「神聖な価値観」とは、「どのように行動するべきかの価値観」であり、「物事を単純化するためのツール」です。この価値観があれば、物事を単純に考えることができる。つまり、「この町も、この時代の変化の中で、あるいは都会暮らしの人を受け入れる上で、何かしら変わっていく必要があるのではないか」という問題を、考えなくてもよくなるのです。

「神聖な価値観」の前では「この町のやり方」が答えであり、「プライバシーや、都会あるいは別の地域の価値観について、どう考える？」といった面倒な議論を避けることができます。自分たちとは違う価値観を、大して深く考えずに気軽に全否定できるようになってしまうのです。

特に気をつけたいのは「根拠のない自信」

このような「神聖な価値観」は、私たちの日常生活のあらゆるところに潜んでいます。「この町」という主体が「都会」になるときもあれば、「我が社」や「日本人」になるときもあります。

昨今の国際紛争も、こうした「神聖な価値観」がひとつの原因といえるのではないでしょうか。例えばロシアは、ウクライナの併合を正当な主張だと捉えています。あるいは「一つの中国」という中国の「神聖な価値観」が、台湾問題につながっているとはいえないでしょうか。

この問題の難しいところは、**どちらも「自分が正しい」と思ってしまう**ことです。話し手側にも聞き手側にもこうした神聖な価値観があれば、「話せばわかる」は夢のまた夢。話すほどに相手を「わからず屋」だと思うだけでしょう。

ここで紹介したものは思考バイアスの中の、「**信念バイアス**」と呼ばれるものです。

本書を手に取ってくださっているあなたにも、同様のバイアスでものを見ていることがあるのではないでしょうか。

何かの重要な判断について、根拠を説明できないことはありませんか？　そこには、認知のフィルターが過度にかけられてしまっている可能性があります。

あるいは、何か社内で言い合いのような揉め事が起こった際に、当事者から簡単な聞き取りを行っただけで、普段から真面目に取り組んでいる社員の主張を重視してしまったことはありませんか？

自分たちにかかったフィルターに気づくのは、易しいことではありません。

価値観ではなく、結論に焦点を当てること。そして、**結論からさかのぼって考えて**

いくこと。自身で自分の思考を振り返って、その結論に至る根拠を考える必要があるのです。

このように思考すれば、信念バイアスにとらわれた一方的で強すぎる主張をせずに済むはずです。

信念がバイアスに変わってしまうのはなぜか

今ご紹介した「信念バイアス」ですが、「信念」と「信念バイアス」とは何が違うのでしょうか？　一見似ている2つを分けるものはなんでしょう。

考え方はいくつもあると思いますが、私はその違いのひとつに、「他人（周囲の人）の価値観との関係性」があると考えています。

言い換えれば、信念は「自分が『こうしよう』というもの」、信念バイアスは「自分が『こうしよう』というものを、『他人にもそうさせよう』というもの」なのではないでしょうか。「自分にとっての正しさ」が信念で、「自分にとっての正しさは相手にとって、あるいは誰にとっても正しいはず」と思うことが、信念バイアスと言ってもいいかもしれません。

先ほど紹介した町の例で言えば、古くから住んでいる人たちが信じていることは信念です。

ただそれを、新しく来る人に、「この町はこういう町なので、来るならばこう考えてください。それ以外は認めません」と強いるならば信念バイアスです。新しく来る人も、来てからはその町の一員であるはずなのに、その人たちのことは鑑みず、意見は一切認めない。その姿勢が、神聖な価値観につながってしまっているのです。

これをビジネスの文脈で考えてみましょう。ある会社が、「我が社はこういう理念・ビジョンでやろう」というのは信念です。ここ数年、「パーパス」が注目されてきたように、全社で1つの目的・目標に向かっていくために、こうしようと呼びかけるのは、経営陣の大事な役目です。

しかし、相手の事情を鑑みずその理念やビジョンと少しでも違う社員を否定したり、その価値観を押しつけたり、それ以外の価値観を否定するとなれば、話は変わってくるでしょう。

ただし、「信念を他者に押しつけてはいけない」という「信念」が極端になると、他者、他国の考え方や行動に口を出すことが一切できないということになりかねないので、注意が必要です（この、相対主義が極端に進んだ認知の仕方を「相対主義の認知バイアス」といい、162ページで改めて紹介します）。

「自分の信念を、他者、あるいは社会が一様に守ることが当然だ」と思う前に、どこまでが個人で守るべき範疇《はんちゅう》なのか、あるいは社会や世界が平和であるための規範なのかを振り返って考えてみることが大事です。

そのために、人間は皆「信念バイアス」を持つこと、自分もその例外ではないこと、専門家もまた「信念バイアス」にのっとって提言している可能性が高いことなどを理解し、特に意識することが必要なのです。

様々な思い込みと認知バイアス

人間には、信念バイアス以外にも、様々な認知バイアスがあることが知られています。知っておくと自分の行動を振り返るのに役立つので、いくつか、紹介しておきましょう。

「他人の知識＝自分の知識」バイアス

スローマン教授は「**多くの人は、自分の中にある知識と外にある知識の区別があまりついていない**」と言います。そしてこれを「**知識の錯誤**」と呼んでいます。これは例えば、専門家の意見をそのまま自分の意見のように話してしまう、といった形で現れます。

先日、知り合いのビジネスパーソン（Mさん）から、この「他人の知識＝自分の知識」バイアスで苦い思いをした話を聞きました。Mさんは、仕事の適性や人間関係、キャリアに悩む後輩のIさんから、

「私、会社を辞めたいんです……」

と切り出されたそうです。そこでIさんの仕事ぶりを評価していたMさんは、キャリアプランを提案しつつ、

「もう少しがんばってみたらどうだろうか」

と説得を試みました。するとIさんは困った様子で、

「でも、先輩は人事の……、キャリアのプロじゃないですよね？」

と返しました。

そう言われたMさんはショックを受けながらも、「確かにその通りだ」と思ったそうです。MさんがIさんを説得しようとして話したのは、自分が経験したことでもな

く、また専門知識に基づいた話でもありませんでした。キャリアとはこういうものだという一般論、あるいは何かの書籍や記事で読んだ話と、Mさん自身の意見でした。また、もし後輩のIさんが、本当に人事やキャリアの相談をしたいのであれば、その道のプロのところへ行ったはずです。

ではなぜIさんは、Mさんのところに来たのか。それは、話を聞いてほしかったからです。たぶんMさんはただ話を聞く側にまわるべきで、アドバイスなどすべきではなかった。もしくは、キャリアのプロを紹介するという方法でもよかったかもしれません。

いずれにせよ、IさんはMさんの意見が聞きたかったわけではなかったのです。

当然ですが、Mさんに何か悪意があったとか、Iさんを思い通りに動かそうとかいった意図があったということはまったくありません。それなのに、無自覚のままに、あたかも自分の知識のように他人の知識を借りて話してしまう。これがバイアスの怖いところです。今回の話では、Iさんの鋭いつっこみによってMさんは自身の「他人の知識＝自分の知識」バイアスに気づきました。しかし、同じシチュエーションでも、後輩や部下への思いが強いからこそ、「せっかく相談に乗ってやっているのに、そんなふうに返すとはなんだ！」と感じてしまうこともあるかもしれません。

これと同じことが、理解にも、起こります。周囲の人が理解しているけれども自分は理解していないことでも、人は、「自分は理解している」と思い込むといいます。どんな仕事も、日常生活も、誰か一人の知識や理解ではなく、複数の専門家がそれぞれの知識や理解を持ち寄って支えられていますよね。そうした知識のコミュニティと自分を同一視してしまうのです。

ちょっと聞きかじったことを、あたかもの自分が知っていることのように話してしまう。テレビで見た専門家の意見を、自分の意見として話してしまう。

本当はよく知らないのに取ってしまった無意識のそうした態度が、ときにコミュニケーションを失敗させてしまうこともあります。また、極めて限定的な知識しかなくても、その話を何度もしていれば、あたかも「詳しく知っている」かのように記憶が書き換わってしまうこともある、というのはこれまでご紹介した通りです。

こうなってしまえば、いったい自分がどこまで本当に理解できているのか、わかりませんね。

ただしそれが、決定的に悪いことだというわけではありません。人も動物ですから、この世で生き残ることが何より優先されます。完璧な理解を求めて1年間学ぶよりも、完璧ではないけれどまあまあの判断ができる知識を1日で得たほうが、生き延びるためにはずっと有利です（それが極端に外れていない、だいたい正しいと言っていい知識なら、ですが）。そういった動物としての生き方が、こうした思い込みの根幹にあるのではないかと思います。

大切なのは「外界の知識＝私の知識」という思考バイアスに気がつくこと。自分の知識は専門家の知識とは違うと自覚することです。

相談に乗る際の認知科学的な留意点

さて、このような例を挙げると、「相談されたときに、何も返せなくなってしまう」と思われる方もいるかもしれません。「他人の知識＝自分の知識」バイアスに気づいた私たちは、周囲の人から相談されたときに、どう振る舞うのがいいのでしょう。

相手の悩みを聞く立場になったとき、最初に求められるのは「聞く姿勢」です。不安を抱えていたり、悩んでいたりするとき、人は誰かに話を聞いてもらいたいと願います。話を聞いてもらっただけで、気持ちがスッキリすることもよくあるものです。

皆さんも、仕事や人間関係の悩みを、一人で抱えたままでいるのは苦しいはずです。どんな形であっても、それを言葉にして話してみることで、心が軽くなったり、話しているうちに考えが整理されたりすることもあるでしょう。同様に、相手はあなたに、話を聞いてもらいたいのです。

人というのは、話したがりです。ほとんどの人は、他人の話を聞くよりも、自分の話をしたがります。しかし大事なのは、相手の話を聞くことです。それはとても難しいことですから、それこそ「**話を聞くぞ**」**と意識して、一生懸命に聞かなければなりません。**

コミュニケーションのスタートは、相手の話を聞くこと。そう言っても過言ではないのです。

相関を因果と思い込む思考バイアス

AとBという2つの事実が順番に起こったときに、私たちはつい、その2つに何か関係性を見いだそうとする傾向にあります。たまたま赤いものを身につけて行った日にラッキーなことが起こったら、「赤を身につけるといいことがある」などと考えてしまうのはその典型です。

本当は因果関係にはないもの（疑似相関）を、因果関係のように扱ってしまうケースは実によくあることなのです。

因果関係とは、AはBという結果が起こる直接の原因であるときにいいます。疑似相関は、他の要因（C）が介在し、CがAとBの双方に相関関係があることから、AがBを直接引き起こすわけではないのに、AとBの間に直接の因果関係があるように見えてしまうことです。

例えば子どもの学力を測る調査では、「家に本が何冊あるか」という指標が学力と相関が高いことがわかっています。それは過去の様々な研究でも報告されている、非常に頑健な傾向です。私たちが行った、子どもの学力のつまずきを明らかにするための調査でも、家庭の蔵書数は学力との相関が高いことが示されました（220ページをご覧ください）。

これを因果関係と捉えると、

「親が本を買う　→　子どもの学力が伸びる」

と解釈することになります。その解釈でいけば、「本は嫌いだけどお金はあるから、家に図書館をつくりました」という家庭で子どもを育てた場合は、子どもは賢くなるでしょうか？　なりませんよね。

そうではなく、親の「本を買う」という行動の裏に、別の要因があるわけです。それは学歴や収入、知的好奇心などです。それらの要素が実は、子どもの学力に影響している。蔵書数と子どもの学力はある程度連動する、つまり相関しますが、その関係は間接的であり、直接の因果関係にはないわけです。

相関関係に比べて、本当の因果関係は世の中にそう簡単には見つかるものではありません。

一方で、様々なことがあたかも因果関係のように語られ、ストーリーがつけられています。

「結果が出ないのは、努力が足りないからだ（努力と結果が因果関係だと思い込む）」

「A社から契約を打ち切られたのは、担当者がサボっているからだ」

「この企画書が通らなかったのは、○○部長の機嫌が悪かったからだ」……。
世間でよくあるこのような「原因」とされる推察の多くは本当の因果関係とは確定しにくい、疑似相関であることが多いのです。

ある2つの事柄の間に相関があったときに、簡単に2つの間に因果関係があると決めつけず、疑似相関ではないかと疑ってみることが大事です。本を買えば、ピアノを習えば、リビングで勉強すれば、親の年収が高ければ、本当に子どもの学力は上がるのか。そこに本物の因果関係があるのか。疑似相関に過ぎないのではないか。因果関係だと決める前に一度、考えてみてください。

「小さな世界」の認知バイアス

多くの方が持っているのが「自分の小さな世界」を「基準」とする認知バイアスです。

自分の考えや経験、自分の周囲の人の考えや経験という非常に狭いサークルを基準として世界を見てしまう。それを基準にして「みんなそうだ」「これが普通だ」と考えてしまうことです。このときの「みんな」は、世の中から見れば非常に限られた人数でしかありません。

さらに昨今では、SNSで自分と似た意見ばかりが表示されていたり、インターネット上のアルゴリズムで「この人の興味と近いもの」ばかりが目に入るようになってきています。同じような意見ばかりを無意識に目にしていれば、99ページで紹介した「エコーチェンバー現象」が起こり、ますます「小さな世界」の認知バイアスは強化されていってしまうでしょう。

「みんな」や「普通」は、自分が経験し得る、想像し得る狭い射程のものでしかないということを知らなければ、他の文化に所属している人を馬鹿にしたり否定したりすることにつながってしまいます。

ビジネスシーンでも散見される「小さな世界」バイアス

こうした「小さな世界」の認知バイアスが悪影響を及ぼしがちなのが、小さな世界の「外」の人と接する場合です。その典型例が、昨今、様々な業種で増えつつある、海外の方とのビジネスにおけるコミュニケーションでしょう。

32ページでは、それぞれの言語によって、単語が持つ意味の体系が異なるという話をしました。

「wear——着る」が使える範囲やそれが表す行動は、日本と英語ではかなりの違いがあったのと同様に、日本のビジネスで当たり前に使っている言い回しをそのまま英語などの他の言語に変えただけでは、相手にまったく伝わらないということは、当たり前のように起こります。

例えば「検討します」という言い回しひとつとっても、日本語ではしばしば、「お断り」のニュアンスを持たせることがありますが、そのニュアンスが海外の人に伝わるとは思わないほうがいいでしょう。

あるいは、「この件については、御社内で連携しておいてください」というのも、日本では便利に使われている言い方ですが、「連携」が何を指すのかは、日本人同士でもときに不明です。「製作チームと営業チームで今週中に話をし、なんらかの結論を出しておく」くらいの内容が含まれていたりすることもありますよね。

日本という国は、言葉で細かく説明をしなくてもコミュニケーションが取れるハイコンテクストな国ですから、ついつい会話を省いてしまいます。

しかしそれは、日本という「小さな世界」の認知バイアスです。**海外の人と仕事をする場合は、自分の感覚としては詳しすぎるくらいに、あるいはしつこいくらいに説明をするのでちょうどいい**と思います。

「好ましさ」すらバイアスに支配されている？

この「小さな世界」のバイアスは、会話の中、あるいは言葉の表現のみで補えるものではありません。例えば日本では、

「あの人はよく気が利く」

というのは、おおむねポジティブな評価です。自分が言っていないことでも、相手がこちらを慮《おもんぱか》って（もしくは忖度《そんたく》して）くれることは好ましいことと思われています。意識しているかどうかは別として、上の立場の側がそれを求めていることもあるでしょう。

しかし国によっては「頼まれていないことをやってはいけない」「勝手に何かをするのは失礼」と判断されるところもあります。気の利かせ方というのは、文化的なものなのです。

日本におけるコミュニケーションの常識は、日本という「小さな世界」の中の価値観です。

期待通りでないからと「気が利かない」と切り捨てるようなコミュニケーション、あるいは、「気が利く」ことを重視しすぎるような採用方針などを取っている企業では、これから先、海外の人を含め様々なバックグラウンド、言い換えれば様々なスキーマを持つ人と働くようになることを考えると、難しい場面が多くなるかもしれません。

相対主義の認知バイアス

多様性を認めることはとても大切なことですが、それが極端になりすぎる場合があります。**相対主義の罠**です。すべての問題において「それぞれ違っていて、それぞれいい」という立場が行きすぎると、重要な判断ができなくなってしまう可能性が生じます。

相対主義の考え方を突き詰めると、独裁者の存在や戦争も、「それなりに理由がある」として受け入れることになってしまうことになりかねません。自分にとっても、社会にとっても非常に重要な課題に対してこのようなアプローチを取ると、「多様性の中でどれが合理的か」と考えることを放棄してしまうことにもなります。

一見理にかなっているように見える相対主義的な言説を披露する人はけっこういます。このような相対主義の罠には気をつけなければなりません。

AかBかのバイアス

「AじゃなければB」「賛成でなければ反対」。私たちは白か黒かで判断したがります。そのほうが、スッキリ理解できるからです。

しかし物事はその間に存在する連続的なグラデーションの中にあることが多いもの

です。AかBかで考えていると、真ん中の人のことが理解できないまま、物事が進んでしまいます。

プロジェクトに賛成か反対かで考えていると、「ちゃんと手続きを踏んで進めてくれるなら賛成」「この案では反対だけど、別の案なら賛成」などといった、賛成と反対の間にある人の声が可視化されないままとなってしまいます。そして実際には、その間にいる人のほうが多い、ということが往々にしてあるものです。

すらすら話される・わかりやすいと信じてしまう認知バイアス

あるテレビの料理番組でタレントが、簡単そうで、おいしそうなレシピを紹介していたとします。「自分にもできそう」と思ってやってみた。でも、「思っていたようには、できなかった」。料理に限らず、スポーツや音楽、ダンスなどで、同様の経験をしたことがある方も多いのではないでしょうか。

私たちには、誰かが上手にスムーズにやっている様子を見たときに、「自分にもできそう」と思ってしまうことがあります。この、**「相手の流暢《りゅうちょう》さ」が引き起こす判断の歪みを「流暢性バイアス」といいます。**

この流暢性バイアスは、「**誰かがスムーズにわかりやすく説明をしていると、その内容を信じやすくなる**」という形でも表れます。これを悪用したものの代表が、「投資詐欺」などの詐欺でしょう。

こうした詐欺は多くの場合で、簡単に理解ができる言葉で語られ、しかも立て板に水のような流暢さですらすら説明がなされます。それで、聞き手はつい、内容を信じやすくなる。内容が薄くても、ときには間違っていても、信用してしまうのです。

こうした認知バイアスは、私たちの判断を歪ませるだけでなく、コミュニケーションを阻害する要因にもなります。

認知バイアスにとらわれず「自分の頭で考える」ことは、「話せばわかる」「言えば伝わる」においては不可欠な要素といえるでしょう。

第3章

「言えば↓伝わる」「言われれば↓理解できる」を実現するには？

ビジネスの現場に、日常生活に認知科学をどう落とし込むか

前章では、「話してもわからない」「言っても伝わらない」ということについて、私たちのどういう性質がそういう事態を引き起こしているのかを、認知の面を中心に見ていきました。

その中では、私たちが持つ認知能力の高さも見えてきましたが、

「新しいことを記憶するためには忘れなければならない」
「理解というプロセスを経たことで、かえって記憶違いが生まれ得る」
「物事を曖昧に捉える」

など、**人間の高い認知能力を支える仕組みが、かえって「話してもわからない」「言っても伝わらない」につながってしまっている**ことに気づかれた方も多いのでは

ないでしょうか。

私たちの優れた認知能力の特徴が、同時にエラーを引き起こす要因でもある、というのは、少し残念なことと思われるかもしれません。

しかし、こうしたエラーを引き起こす要因となったとしても、私たちが持つ能力はすばらしいものであるということに変わりはありません。

なぜなら、私たちがこうしてものを考えることができるのも、何かに興味を持つことができるのも、周囲の人とコミュニケーションを楽しむことができるのも、そして本書の最も大事なテーマである、仕事を通して自己実現をしていくことができるのも、私たちが持つ、こうした能力のおかげだからです。

一方で、私たちの認知の力の特徴を知らないままでいることによって、様々な不都合が起こっていることも事実です。

また、先に紹介した棋士の例など、認知能力の根本は同じはずなのに、同じ人間とは思えないほど高い能力を発揮している方々もいます。本書を手に取ってくださっている方の多くも、そうした能力を発揮してビジネスや日常をより充実させたい、人間関係をよりよくしたい、と思われていることでしょう。

どうすれば私たちが持つこの力を生かしていけるのか、エラーをなるべく減らし、よりハイレベルのアウトプットを実現していけるのか。本章では、その点について考えていきたいと思います。

「相手の立場」で考える

「話せばわかる」「言えば伝わる」というのは、これまでもお話ししてきた通り、「自分が発言して終わり」ではありません。相手が「わかる」ところ、内容が「伝わる」ところまでを考えている以上、「話された人」「言われた人」のことも考えなければなりません。

子どもの頃、誰もが一度は、次のように言われたことがあると思います。

「相手の気持ちになって考えなさい」

特にコミュニケーションにおいては、「相手のことを考える」は当然のことで、それはやればできること、という前提で言われます。

また、ときに「非認知能力」としてまとめられてしまうこともあり、道徳の授業などでは常套句《じょうとうく》のように使われるものでもあります。

しかし、「**相手の立場に立つ**」「**相手の気持ちになって考える**」というのは、**単に思いやりを持てということではありません。**

ビジネスにおいては、相手の置かれている状況を分析し、それに応じた提案をする、ということで、それは認知心理学が重視している「**心の理論**」、そして「**メタ認知**」と深く関係しています。

ビジネスで「相手の立場に立つ」ための「心の理論」

心の理論とは、「ある状況に置かれた他者の行動を見て、その考えを推測し、解釈する（推論する）」という心の動きです。

例えば2歳の子どもが、テレビを見ていると想像してみてください。親は、そのテレビ画面が見えない場所にいるとします。その場合、親は当然、そのテレビにその瞬間に何が映っているかはわかりません。しかし、幼い子どもは、実はそのことを理解できません。自分に見えているのだから、他の人にも見えていると思い込んでしまう。**「他人の視点」を想像することができない**のです。

これは誰もが通る道で、「他人の視点」がわかるようになるのはだいたい4歳くらい以降だといわれています。つまり、他者の視点や心の動きを推論するというのは、認知的な思考の中でも最も難しく高度なことだといえるのです。

この高度な認知的な思考を、目の前にいない人――例えば取引先や顧客にまで働かせること。これが、ビジネスにおいて「相手の立場で考える」ということです。

つまり、**相手の立場で考えるのが苦手、という人は、この認知的な思考が苦手なため**なのかもしれません。

それは誰のための「報告」か？

ビジネスにおいては、例えば「報告」ひとつとっても、「相手の立場で考える」ことができているかどうかで、その方法も、内容も変わってきます。ここでは、大企業で働く20代後半のKさんの例で見てみましょう。

Kさんは、新卒としてその会社に入社して以来、「ホウレンソウ」の重要性を繰り返し教えられてきました。そこで、その部署に配属されて以来5年以上にわたって、何かを進める際には事前に直属の上司に当たるA部長に時間を取ってもらい、「こちらの確認をお願いします」と書類を渡して、これから進める仕事について、説明するようにしていたそうです。

その日も同様に、A部長に時間を取ってもらい、ひと通りの説明をしました。すると、A部長から返ってきたのは意外な言葉だったといいます。

「Kさんは、自分がラクになりたくて私に説明しているの？」

Kさんは確かに、「仕事にはホウレンソウが重要」「A部長も、進行を把握しておきたいはず」と考えていました。しかし、部長からの意外な言葉によって、心の奥底にある違う感情に気づかされたといいます。それは「責任を回避したい」という気持ちです。

つまり、A部長に報告をしておくことで、何か問題が起こったときに、「A部長が

ＯＫと言ったから」と言える逃げ道をつくっておいたということ。この逃げの姿勢を、Ａ部長に見透かされてしまったわけです。

相手の立場を考えなければ、どれだけホウレンソウをしても、それは結局、自分のため、もっと言えば保身のためのものになってしまいます。

「報告」を上司の立場で考える

では、Ｋさんは、ホウレンソウをどのように行えばよかったのでしょうか。

最悪の選択肢は、

「ならば勝手に進めてしまって、あとで報告すれば大丈夫だろう」

と安易に判断して、独断で進めてしまうパターンです。何については確認が必要で、何についてはは自分の責任で進めていいのかという判断は、部下の立場で行えるものではありません。

では、どうするか。それは、責任回避のための言い方ではなく、忙しいA部長の立場を慮り、責任は自分で取る姿勢を示すことなのだと思います。具体的には、

「この仕事はこういう考えで進めたいと思いますが、よろしいでしょうか」

などの形です。

あるいは、仮に書類の誤字を指摘されたとしても、指摘されたところだけをささっと直して、

「確認してください」

と上司のところに持っていくのではなく、他にも誤字や修正の必要のあるところがないかを自分で見直してから、

「誤字を見直しましたので、最終チェックをお願いします」

と持っていったり、

「誤字以外にお気づきの点がないようでしたら、こちらで進めてよろしいですか？」

と進めたりするような態度です。

上司という立場、あるいは先生と呼ばれる立場になると、周囲から「確認してください」と言われることが多くあります。しかし、**それは本当にその人が確認しなければならないものなのでしょうか。もしかしたら確認を頼んだ当人が、自分ですべき判断を避けているのかもしれません。**

上司や先生と呼ばれる立場ならば、「確認してください」と言われた際には、ときには厳しく、

「これは『確認してください』という内容のものではないよね」

と伝えることも必要です。こうして、**互いには見えない心の内を擦り合わせていくことで、「相手の立場に立つ」ことに近づいていける**のではないでしょうか。

ビジネスで頻繁に使われている「確認してください」という言葉は、非常に曖昧で、甘えのある言葉です。この言葉を使う場合には、「誰かに責任を押しつけることになっていないか」ということを、確認を頼む側も、頼まれる側も意識したほうがいいでしょう。

ビジネスで「相手の立場に立つ」ための「メタ認知」

「相手の立場で考える」ことに関連の深い、「メタ認知」についても見ていきましょう。

「メタ認知」という言葉は、マインドフルネスなどの分野でも使われることも多いため、最近では聞いたことのある方も多いと思います。平易にいうと、「自分自身の意思決定を客観視すること」です。

ノーベル経済学賞を受賞したダニエル・カーネマンの著書『ファスト&スロー　あなたの意思はどのように決まるか？』（ハヤカワ文庫）によると、私たちは意思決定の大半を「直感」で行っているといいます。

カーネマンは、この直感による意思決定を「ファスト思考」、別名「システム1」

思考と呼び、時間をかけて熟慮する知的活動を「スロー思考」「システム2」思考と呼んでいます。そして私たちの意思決定は大半が実はシステム1思考に委ねられていること、そしてシステム1思考による意思決定は**人間にとって効率がいいだけでなく、「おおむね正しい」**ことが、本書では指摘されています。

システム1思考による意思決定は、「おおむね正しい」。それは、裏を返せば、**ときに間違っていることがある、**ということです。この間違いをシステム2思考によってチェックすること。これが「メタ認知を働かせる」ということです。

「自分の思考を振り返る」とはどういうことか？

メタ認知の典型的なものが、「テストの見直し」です。多くの方は、いったん最後まで解き終わってもそれで終わりにせず、最初に戻って合っているかを振り返ると思います。

このときには、自分の考え方は合っているのか、出した答えは合っているのか、ケアレスミスはしていないかなどの確認を行っているはずです。システム1思考で下した判断を、客観的に見直しているというわけです。

ただ、時間に余裕があっても、テストの見直しができない子どももいます。

「見直しをしなさい！」

と親に何度も口うるさく言われても、なぜ見直さなければいけないのかがわからない。

これは、そもそもメタ認知の力が養われていないといえるでしょう。あるいは過去の自分との付き合い方をまだ知らないといえるかもしれません。

親からすれば、「余った時間でテストを見直す」のは当たり前の、何でもないことかもしれません。しかし、子ども、特に幼い子どもからすれば、**「自分の思考の過程や、出した答えを振り返る」というのは、自然にできることではない**のですね。

ビジネスにおいて、メタ認知をうまく働かせることのできない人は、自身がつくった資料などを見直すことや、指示通りに自分が動けているかを見直すことが苦手です。そのため「配慮が足りない」「雑だ」などと評価されたり、非認知能力や性格の問題と片づけられたりしがちです。

しかし、やはり「**メタ認知**」**もまた、非認知能力の問題でも、性格の問題でもありません。重要な認知の問題なのです。**

「相手の立場」に立てる人のコミュニケーション

商談や新規提案に限らず、あらゆる仕事で「提案のうまい人」「物事をスムーズに進める人」「気が利く人」は、もれなく「相手の立場」で考える能力に秀でているといえるでしょう。

ここからは、仕事における代表的なシチュエーションを例に、「相手の立場で考える」「相手の気持ちを考える」方法について考えます。

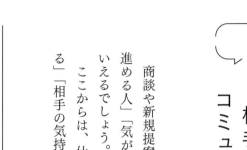

メールは「読む人」の立場で書く

皆さんは、「最後まで読まないと、用件がわからないメール」をもらったことがありませんか？　メールを見れば、多くの場合で「相手の立場で考えられる人かどうか」がよくわかるものです。

というのも、相手の立場を考えていなければ、「書いている本人の視点だけで伝えたいことをまとめた結果、相手のことをまったく考えていないメール」に仕上がってしまうからです。

そして、私たちは自分が想像している以上に、「自分中心」に文章を書いていることがままあります。

文章や説明に「相手の立場」が入っているとはどういうことか、ここでは論文と一般書の違いで見ていきます。

私はこれまで、言葉の発達や言語と思考の関係に関しての実験や研究を重ね、論文も数多く書いてきました。

研究論文の執筆では、専門用語を使います。専門用語というのは便利なものです。その言葉を使うだけである概念を説明することができるからです。それができるのは、同じ分野の専門家の中で、スキーマを共有しているからです。専門用語を理解する際に、裏で働いている基本的なシステムを共有しているということです。

例えば心理学でいう「思考」は、「人が脳で行う認知活動のすべて」を指しますが、それは一般的な理解とは違います。ですから私は『ことばと思考』（岩波新書）という一般向けの書籍では、次のような説明を加えています。

読者の多くは「思考」ということばを聞くと、じっくりと思案、熟慮することと思うのではないだろうか。「思索」に近いイメージかもしれない。しかし、心理学で「思考」というと、それよりもかなり広い意味で用いられる。心理学では、「思考」はしばしば人が心の中で（つまり脳で）行う認知活動すべてを指すのだ。自動販売機の前で、A社の缶コーヒーとB社の缶コーヒーのどちらを買うか決めることは、立派な「思考」である。

論文では2文字で済む言葉に、これだけの文字数を使わなければなりません。認知科学や心理学の知識がまったくない人にも伝わるように説明を加えながら書かなければならないからです。

また同じ書籍といっても、ビジネス書と子育て書では読者対象が違いますから、どんな具体例にするかにも気を配らなければなりません。読者を想像しながら書くことが求められるわけです。

同じように、ビジネスで説明をしたり、メールを書いたりする場合にも、相手の理解度を想像しながら話を組み立てなければなりません。専門用語を使って簡潔に伝えられる相手なのか、噛み砕いた説明が必要なのか。どのような具体例を使えば、相手に響くのか。相手が持つスキーマと自分のそれとが重なり合う部分はどれだけあるのかを考えなければならないのです。

上司や部下が話を全然聞いてくれなかったとしたら、それはもしかするとあなたが伝わらない形で発信しているからかもしれません。

相手の状況を推測した上で書かれたメールは、どこを読めばいいか、何をすればいいのか、その理由は何かが明白です。最初の数行読めば、それがわかる。付属の情報は後ろにつけられていて、「必要であれば読む」ということが明白になっているのです。

文章はどう書くべきか。「書く側の視点」でしょうか。「読む側の視点」でしょうか。日記であれば書く側の視点でいいでしょう。しかし、仕事をしている上で必要なのは、圧倒的に読む側の視点なのです。

書き終わったら読み直してみて、最初の数行で、何についてのメールなのか、大事なことは何かが伝わるように書けているかを確認すること。

日常的にそうしたことを心がけていけば、自然と「相手の立場で考える」ことにつながっていきます。

言いにくいことでも報告できる環境とは？

部下からの「ホウレンソウ」がないというのは、上司のよくある悩みのひとつです。

ただし、実はこうした悩みが生まれてしまう背景には、上司が「部下（相手）の立場に立てていない」ということがあるかもしれません。

というのも、部下に「なぜホウレンソウが必要なのか」が伝わっていないのに、上司がそれに気づいていない可能性があるからです。

上司は往々にして、しなければならないことだけを部下に伝えます。

「この件の報告をまだ受けていないぞ（以上）」

「あの件はどうなった？（以上）」

このように尋ねても、部下が感じるのは、ホウレンソウを求めているということだけ。「WHY」の部分、「なぜホウレンソウが必要なのか」は伝わりません。

あるメーカーの営業チームで、このようなことがあったそうです。その会社では、営業先に向かう際、担当者が自分で車を運転することよくあります。日々の運転の中では、ちょっとどこかに車をこすってしまった、というようなことも、さほど珍しいことではありませんでした。車に傷をつけてしまった場合でも、特に罰則はなし。ただ「報告するように」と社員には伝えられていました。
しかし、何度言っても、その報告が上がってこない。何人かで交代で車を使っているうちに、気づくと傷が増えている、という状況が続いていました。

この場合、どうすべきだと思いますか？　この話をしてくれた方は、その後、上司が部下たちにあることを伝えたら、社員の目の色が変わり、傷にもならなかったようなちょっとした接触でも報告するようになったと教えてくれました。上司が伝えたこととは、次のような内容です。

「今は、スマホですぐに撮影ができる。事故を撮影した人が、会社に連絡をしてくればいいが、いきなりネットにアップされたりしたら、会社としても対応が後手に回る。そうなれば、運転をしていた皆さんの顔や名前までさらされることになるかもしれない。○○会社の社員がこんな事故を起こしたと広まり、炎上してしまったら打つ手がない。だからその前に、なるべく早く報告してほしい」

この話を聞くまでは、部下にとっては「報告＝自分のミスをわざわざ伝える行為」でした。しかし、なぜ報告が必要なのかを知ったことで、「報告＝ミスの次に起こり得る炎上を防ぐ行為」に変わったわけです。

このように、**ホウレンソウのない職場は、「なぜそのホウレンソウが必要なのか」を部下が気づいていないことに上司が気づいていない、という二重の問題となっていることも多い**ものです。

上司としてホウレンソウを求めるのならば、「なぜホウレンソウが必要なのか」をきちんと説明することが、「相手の立場」に立ったコミュニケーションといえるでしょう。

ちなみに同じことは、「子どもが勉強しない」問題にも当てはまります。「なぜ勉強しなければならないのか」を子どもはわかっていないのに、親がそのことを理解せずに、ただ「勉強しなさい」と繰り返す。それでは、親がいくら言っても子どもが勉強しないばかりでなく、勉強を嫌いになるという結果を生むだけなのです。

「感情」に気を配る

「話せばわかる」「言えば伝わる」を実現するためには、感情に気を配ることが不可欠です。ここでいう感情とは、相手の感情だけでなく、自分の感情も含まれます。

人は、自分の気持ちと切り離して何かをすることは基本的に困難です。自分では気づいていなくても、気持ちや感情から、何かしらの影響を受けています。

このようにお伝えすると、

「そもそも、仕事に感情を持ち込むなんて、二流のすること」

などと思う方もいるかもしれません。また、「感情的である」というのは、しばしば「困った性質」として扱われます。

激しい感情のままに、カッとなって相手を怒鳴りつけるなどすればそれは確かに二流でしょう。

けれど、**このような激しい感情ではない気持ちや意図も、私たちの思考や行動に大きな影響を与えていることを忘れてはいけません。感情の影響を受けずに判断できる人間は存在しません。誰もが仕事に感情を持ち込んでいるのです。**

140ページで「神聖な価値観」についてお話ししました。感情は、まさにこの神聖な価値観に匹敵するものです。

多くの人は、「自分は合理的に判断し、決定している」と思っているかもしれませんが、そうではありません。**選択や意思決定の多くの場合、人は、最初に感情で、端的に言えば「好きか嫌いか」で物事を判断し、その後、「論理的な理由」を後づけしているに過ぎない**ことを示すデータが、非常に多くの認知心理学や脳神経科学の研究で報告されています。このことについては、次の節で述べていきます。

感情と合理性

ただし、感情で決めることが合理的でないと言っているのではありません。

解剖学者の養老孟司《ようろうたけし》さんは『養老孟司特別講義　手入れという思想』（新潮文庫）の中で、「ビュリダンのロバ」という哲学における有名な比喩《ひゆ》を引き合いに出しながら、感情で決めることの合理性について述べています。

養老さんは、ロバというのは西洋における馬鹿な動物の代名詞で、お腹が空いたロバをまったく同じ量の干し草の間に置くと、どちらを食べていいかわからずに餓死してしまうと紹介した上で、次のように続けています。

馬鹿なロバではなくて、皆さんがもし完全に論理的な計算だけをする高度のコンピュータだったらどうするか。このコンピュータはこちらの山を食うべきか、あちらの山を食うべきか、すなわちどちらを食ったら得かをすべて計算で決めよ

うとします、論理機械ですから。（中略）

コンピュータはお利口ですから、そういう手段を論理的に割り出して、ソナーを使うかレーザーを使うか知りませんけれども、ともかく両方の量を量ります。量ったところが一グラムと違わないという答えが出てしまいます。（中略）

生き物はそういう馬鹿なことをしないで、非常に強くバイアスをかけています。そして、情報にかかっているバイアスを、意識は自分で把握することができます。そうした把握をしばしば感情、すなわち好き嫌いと呼んでいるんですね。（中略）

情報に非常に単純に係数をかけること、すなわち重みづけができると考えたとたんに、感情というものが一見不合理に見えて極めて合理的なものであるということがわかってきます。

これは示唆に富んだ指摘でしょう。あらゆる計算をした上で、それでも優劣がつかないならば、コンピューターでは決めることはできないが、生き物なら決めることができる。それは感情があるからで、感情は合理的なシステムなのだ、というのです。

ここでいう「感情」とは、必ずしも表情や態度に出てしまうような「大きな波」のようなものでなくて、直感的な「好き・嫌い」が近いでしょう。

このことは、ドイツの心理学者ゲルト・ギーゲレンツァーの著書『なぜ直感のほうが上手くいくのか？「無意識の知性」が決めている』（小松淳子訳、インターシフト）に詳しく書かれています。

そこで紹介されているのは、人は何か（ジャムなど）を選ぶときや迷ったときに、最初の瞬間に注視したものを最終的に選ぶ傾向があるという実験です。つまり人は、「これが好き」という感情が最初にあって、それを基に意思決定をし、あとからその選択でいいかどうかを理性で検証しているというのです。

このことが示しているのは、結局、**感情はときに、優れた「直観」を反映するものであるということです。**この直観のことをギーゲレンツァーは「ガット・フィーリング」と呼んでいます。日本語でいうなら「腹で感じる直観」でしょうか。

将棋の達人たちは、手筋を読む前にまず、よい手には「いい感じ」、悪い手には「イヤな感じ」がすると聞いたことがありますから、私たちの判断は多分に感情の影響を受けており、そしてその判断にはある程度の合理性がある、ということなのでしょう。

確かに、前述のコロナ禍のように、世の中で日々起こる出来事は、必ずしも判断に足るデータがあるわけではありません。しかしこれまでも私たちは、日々の生活においても、仕事においても、その都度、情報が十分にない中で判断を求められてきましたし、実際に判断してきたわけです。

「合理的に判断できるだけのデータが集まるまで、判断できない」というのは、究極の非合理といえそうです。

よりよい判断をするための感情の力

感情は、つねに私たちの中で働いている。人は感情で判断をしている。合理的な判断を曇らせることも多いが同時に不可欠な要素である。

そうとわかれば、よりよいコミュニケーションを取り、的確な判断をするために、あるいは、プロジェクトをより大きな成功に導くためにも、今よりも感情に目を向ける必要があるとわかるはずです。

しかしもちろん、ここでいう「感情に目を向ける」というのは、「相手の感情に訴えかける提案をしましょう」というような狭義の話ではありません。

どんな理由でも、「理由がある」だけで感情がラクになる!?

さて、理由と感情の関係性を示した「コピーの割り込みをお願いする」というユニークな実験を紹介しましょう。米国ハーバード大学のエレン・ランガーらによって行われた、「割り込みの成功率の研究」です。頼み方によって、その成功率が変わることを示しています。

① Excuse me, I have 5 pages. May I use the xerox machine?
「すみません。５ページだけなんですが、コピー機を使わせてもらえませんか？」

② Excuse me, I have 5 pages. May I use the xerox machine, **because** I have to make copies?
「すみません。５ページだけなんですが、コピーをしなければならない**ので**、コピー機を使わせてもらえませんか？」

③ Excuse me, I have 5 pages. May I use the xerox machine, **because** I'm in a rush?
「すみません。５ページだけなんですが、急いでいる**ので**、コピー機を使わせてもらえませんか？」

これらのお願いに対する成功率は次の通りです。

① 60％
② 93％

③ 94%

①は、「because（〜ので）」というような「理由」を伴わないお願いの仕方でした。この場合は、60%の成功率で、割り込みをさせてもらえました。

一方、94%と一番成功率が高かったのは、「急いでいる**ので**（**because** I'm in a rush）」と理由を示した③のお願いです。

ただ、ここで注目したいのは、②のお願いです。このお願いには確かに「理由」と思われるものがありますが、それは、「コピーをしなければならない**ので**（**because** I have to make copies）」。コピーをしている人も、並んでいる人も、誰もが同じです。本来ならば割り込む理由にはならないはずなのに、③とほぼ変わらない成功率だというのは、驚くべきことでしょう。

188ページでも理由の大事さには触れましたが、改めてこの実験から、いかに「理由を伝えること（because）」が大事かということがわかります。

禁止など、強い要求にはどうしても感情が動きがちです。そうした場合には、**理由を添えるだけで、相手の納得を得られやすくなる**というのは、覚えておいて損はないでしょう。

これは、人に何かをお願いする、というシチュエーションでも同様です。要望が聞き入れてもらいやすくなるだけでなく、不毛な対立も防げるはずです。

日本の組織、特に行政はしばしば感情を無視して、理由を示さずに一方的に通達をするケースが目立ちます。あるいは、「丁寧に説明する」と言いながら、決定の理由や背景をきちんと述べることなく、あらかじめ決めてある結論をただ繰り返すだけ、というケースも少なくありません。

「丁寧に説明する」というのは、聞き手の納得できる理由とその根拠をきちんと示すということ。同じことを繰り返して言うことではありません。そしてそれには、感情への配慮も欠かせないのです。

感情を味方につけるコミュニケーションのコツ

優秀なビジネスパーソンの多くが、「自分は合理的に判断し、決定している」と考えています。

しかし、ここまでお話ししてきたように、自分の感情にまったく左右されずに、何かを行うことは困難です。私たちが下す決定は、多かれ少なかれ感情の影響を受けているものです。

本当は大事だとわかっていても、イヤだという気持ちが起こってしまってきちんと対応できない、ということは誰にでもあることでしょう。

例えば新しくスマートフォンを契約するときなどはどうでしょう？　必ずといっていいほど、小さな文字がぎっしり詰まった書類を見せられて、ものすごく長い説明を聞かされます。

「お客様」としては、ちゃんと読んで話を聞かなければと思いつつも、拒否したい気持ちが起こるのも仕方がないものです。

一方、そうした契約の説明をする会社側はどうでしょうか？　そもそも、そうした書類と説明が長くなりがちなのは、クレーマーによるリスクを避けるためという面が多いように思います。それでかえって、多くのお客様に大事なことが伝わらないとなると本末転倒ではありますが、会社の姿勢としては、いつ、どこから責められてもいいように、防御姿勢を取っている。お客様を「敵」とみなしているわけです。こうした接し方では、いいコミュニケーションは成り立ちません。

とはいえ、会社員としては、業務であれば我慢してできるのかもしれませんね。

ただし、こうしたお客様もイヤな気持ちになっていて、会社としても相手を敵のように扱っていては、コミュニケーションはうまくいきません。「言った・言わない」の問題が起きやすいのも、こうした場面でしょう。

では、感情に配慮したコミュニケーションとは、どういうものでしょうか。

理由を伝える

先ほどから、理由が感情を大きく動かすということをお伝えしてきました。報告してほしければ「なぜ報告してほしいのか」、ややこしい説明でも聞いてほしければ「なぜこの説明を聞いてほしいのか」という、**「なぜ」の部分を伝える**ことが有効です。

ただし、これはもちろん、「知りたいから報告して」とか「説明したいから聞いて」のような、自分本位の「なぜ」ではその効力も薄まってしまいます。ここでも、「相手の立場」が不可欠ということは、言うまでもありません。

相手の感情に寄り添う

感情というのは、自分でも自覚できないくらいの本当に些細なことで変化するものです。裏を返せば、相手の感情に配慮するということも、ちょっとしたことからできるということです。そのちょっとしたこととは、例えば服装です。

Fさんは、大手ゼネコンで勤務されている会社員です。彼自身の普段の仕事はジャケットが基本だそうですが、取引先を訪問する際には、なるべく相手の服装に合わせているとお話しされていました。工事現場や作業場に行く場合は作業着、相手が普段着なら普段着、スーツならスーツという具合です。

「お客様と同じような服装をするだけで、人間同士の付き合いができるようになる気がするんです」

とのことでした。Fさんのように形から入るのはいい方法かもしれません。

悩みを共有する

悩みは感情とワンセットです。そのため、**悩みを共有できると、感情を味方につけやすい**と、あるやり手のビジネスパーソンが教えてくれました。セールスの際には、

「現場でこういう工夫をしたらうまくいったので、同じことをしてみませんか?」

という言い方をしてみる。すると、

「この人も、同じ悩みを抱えていたんだな」

と、土俵が同じになるわけです。このときすでに感情は動いているでしょう。


例えば、帰国子女で英語を自在に話せる人が、新発売された教材を持ってきて、

「この教材を使えば、英語が話せるようになるよ」

と言ってきたとしても、あまり心は動かないはずです。同じ人でも、使い込まれた教材を持ってきて、

「全然英語が話せなくて、でもどうしても留学がしたくてこの教材を使ったら、英語が話せるようになったんだ」

と打ち明けられたら、「使ってみようかな」と思うのではないでしょうか。

教材のよさはわかりませんが、説得力があるのは後者です。それは、「英語が話せなかった」という、自分と同じ悩みを共有しているからです。

感情をぶつけても、問題は解決しない

システム会社で働くEさんは、パートナー会社の担当者に感情的に対応したことで、上司から二度も注意を受けました。

「お前は言い方がキツい。普段はそんなことないのに、なんでだ？」

と言われたといいます。

Eさんがカッとしてしまったのは、パートナー会社から納品された製品に、バグが多く見つかったからです。パートナー会社とともに開発を進め、よりよい製品をつくることが目的だと考えていたEさん。その目的のためなら、相手に厳しく接してもいいと、どこかで思い込んでいたのです。目的をある種の言い訳にして、自分の感情のコントロールができなかったのです。

本当にそのプロジェクトを成功させたいのなら、相手と深いコミュニケーションを取ることが必要です。

相手がなぜできないのか、何に困っているのか、相手の組織の中で何が起きているのか。問題を聞き取り、それを助けるために、自分は何ができるかというスタンスで話をしないと本当の解決には近づきません。

「私に何かできることはありますか？」

「一緒にできることはありませんか？」

そんなふうに声をかけるべきなのです。

いくつかのグループが合同でプロジェクトを進めていると、1つのグループの遅れによって全体の作業が滞ることがあります。そのようなとき、

「あのグループのせいで、遅れて困る」

と文句を言う人と、

「あのグループのために、できることはなんだろう」

と考える人に分かれます。自分の立場でしかものを見ることができない人と、相手の立場に立って考えることができる人に分かれるわけです。

後者の、相手の立場に立てる人というのは、プロジェクトを俯瞰《ふかん》することができて

いる人です。このような考え方ができる人が、組織には絶対に必要です。

「なんでできていないんですか⁉」

と言うことほど、ラクなことはありません。相手の立場で現状を見て、相手と一緒に課題を解決しようとする。相手の立場に立つということは、ビジネスのあらゆる場面で必要とされているのです。

「勘違い」「伝達ミス」を防ぐ

同じ話でも、話す人によって、わかりやすかったりわかりにくかったりします。

特に、「今期の売上は○○円だった」といったわかりきった事実ではなく、例えば新しく導入される制度の解説、新しい企画のプレゼンテーション、起こってしまった事故の説明、失敗の原因の報告など、少し込み入った話になると、わかりやすさの差は歴然です。

説明が上手な人には、特徴があります。それは、「**具体と抽象を行き来している**」ということです。

具体と抽象
――言葉によるコミュニケーションが潜在的に持つ「伝わらなさ」の正体

抽象とは、与えられた多くのものや、事柄全体から共通する性質や特徴を抜き出して一般的な概念として捉えること。具体というのは、直接知覚され、認識できる形や内容を持っていることであり、抽象の概念の中の１つの例です。

例えば図形として書いた正三角形は、三角形という大きな概念の中の具体例です。その正三角形は間違いなく三角形ですが、正三角形ではない三角形も存在します。子どもに「三角形とは何か？」を示す場合、「同一直線上にない3点とそれらを結んでできる3つの線分からなる図形」と説明することはできますが、それよりも実際に描いて見せたほうが、わかりやすく伝えることができます。

具体にすれば、わかりやすくなる。これは、三角形に限らず、一般的にもいえるこ

具体にすれば、わかりやすくなる

とです。ビジネスシーンであれば、例えば新人に、

「TPOをわきまえましょう」

と指導するよりも、

「この会合はフォーマルなスーツにネクタイ着用で参加しましょう」

と伝えたほうが具体的でわかりやすくなります。


ただし、同時に問題もあります。**具体というのはあくまでも「1つの例」であって、全体ではない、**ということです。

たった1つの例で、全体を知ることはできません。概念を理解するためには、具体例という「点」の知識を、「面」の知識に広げる必要があります。

反対に、**抽象にすれば、全体を捉えることができます。**しかし先ほどの三角形の例で見るように、そもそも理解することが難しくなります。「同一直線上にない3点とそれらを結んでできる3つの線分からなる図形」ならば、じっくり考えれば「三角形」を指しているとわかるかもしれませんが、より複雑な物事となると、具体例が欠

かせません。

特に意識することがなくても、私たちは、日々、自然と具体と抽象を行き来しながら物事を理解したり、相手に説明したりしています。

それは大変すばらしい能力なのですが、この「**自然と**」**というのがくせ者**です。「どんな物事を説明するときには、何をどの程度具体的・抽象的にすればいいか」は、誰にとってもとても難しい問題です。

また、相手が具体的に説明をしてくれたとしても、それをどこまで抽象化して捉えれば相手が本当に伝えたかったことを言い表せるようになるのかも、本質的に共有することが難しい。具体化の仕方が偏っていたりすると、抽象的な理解が不十分になってしまうケースもあります。

具体と抽象のよくあるエラー① 特徴的な代表例を全体だと思い込む

しばしば起こりがちな具体・抽象のエラーは、特徴的な代表例を、その概念が表すものすべてだと思い込むパターンです。

幼い子どもの中には、アナログの時計（丸い文字盤に、短針と長針と秒針がついているもの）とデジタルの時計（文字盤は四角が多く、時刻が数字で表示されているもの）を同じ「時計」だと認識できない子がいます。

アナログの時計は時計だとわかるのにデジタルの時計は時計だと思っていない子どもも、デジタルは時計だとわかるのにアナログは時計だと思っていない子どもも、両方とも存在します。

それは、家庭で使っている時計だけを「時計」だと認識するからです。家にアナログの時計しかない子どもは、

「時計というのは、円の中に数字があり、長い針と短い針があるものだ」

と認識し、デジタルの時計しかない子どもは、

「時計というのは、デジタルの画面に数字が表示されているものだ」

と認識する、ということになります。「普段見ている時計が、時計のすべてだ」と考えてしまうのです。


「時計＝アナログ」と思い込んでいる子どもに、デジタル時計しかない部屋で「時計を持ってきて」と言っても、話は絶対に通じません。

こうした、具体と抽象の紐づけの失敗は、大人にとっても実はそう珍しいことではないのです。なぜなら、この**具体と抽象の紐づけは、文化により、慣習により、変わることが多い**からです。


例えば、何らかの事情で綿密なコミュニケーションが取れないときに、

「予算資料を準備して」

などとだけ、指示したとしましょう。もし指示された人が、入社したばかりで、予算資料に何が含まれるかを正しく理解していなかったらどうでしょう。しかも、以前、

別の会社で予算資料を扱ったことがあり、それと同じだと思い込んでいたら？

「指示をしたはずなのに、必要な書類がそろわない」ということは、簡単に起こってしまいます。

具体と抽象のよくあるエラー②

本当は別のグループに入るものを、同じグループだと思い込む

再び、子どもの時計の例に戻りましょう。

「時計というのは、円の中に数字があり、長い針と短い針があるものだ」と思っている子どもは、おそらく、アナログのはかりや温度・湿度計なども、時計だと認識するでしょう。

「この部屋にある時計はいらないから、捨てておいて」と言われたら、きっとアナログのはかりなども捨ててしまうことになるはずです。

これもまた、具体と抽象に関する紐づけのエラーです。

そして、同様のことはやはり、大人にも起こり得ます。例えば時計ではなくて、何かのプロジェクトに関わる資料だったらどうでしょう？

指示した人は、もう終わったプロジェクトの資料だけを処分してもらうつもりだったのに、指示を受けた人がそれ以外の資料も処分してしまったら……。

「指示してもいないのに、勝手に処分するな！」

とあとで怒られたとしても、取り返しがつきません。さらに、怒られた側としては、「言われた通りに作業をしただけなのに、怒られた」

と感じるでしょう。上司を理不尽だと感じ、下手をすれば仕事を辞めてしまうかもしれません。

より抽象度の高い概念であればあるほど、それを理解するためには複数の具体例が必要です。たった1つの点から面をつくるのではなく、複数の、観点がそれぞれ少しずつ異なる事例を起点に抽象化を行うことが大事なのです。

しかし一方で、**具体例のどこまでがその抽象概念に含まれるのかを、直接的に伝え**

る方法はありません。「これはその概念に入るのかどうか」と1つずつ確認して確かめていくしかないのです。

ちなみに子どもは、徐々に、デジタル時計もアナログ時計も壁掛け時計も目覚まし時計も腕時計も、さらには日時計や水時計といったまったく違った形のものまでも、時計だと捉えるようになります。そして、はかりや温度計、ストップウォッチなどの、形は似ていても時計ではないものも、徐々に区別することができるようになっていきます。

最初は「円の中に数字があり、長い針と短い針があるもの」などという具体的な1点にしか紐づいていなかった「時計」が、様々な時計を家の外でも経験することで事例が増え、概念が抽象化され、「時計」というカテゴリーの意味が定まるのです。また同じ形をしていても「時刻を知る」ことのできないものは時計ではない、とその範囲を定めることができるようになります。

これには大変高度な認知の力が必要です。

具体と抽象のよくあるエラー③ 具体と抽象がそもそも紐づかない

だいぶ昔の話ですが、

「遠足のおやつは300円まで」

と学校の先生に言われて、

「バナナはおやつに入りますか？」

と返すのは定番でした。これは、「おやつ」という抽象に、「バナナ」という具体が入るかどうかを尋ねる質問です。当然ですが、具体と抽象が正しく結びついていなければ、認識は食い違ってしまいます。

バナナがおやつに入るかどうかということでは、おそらくそう揉め事にはならないと思いますが、この**具体と抽象の紐づけの失敗は、様々なトラブルの要因の1つ**です。

何かしらの契約書を結ぶ際には、通常、どういう事柄がその契約書で規定されるのかを、冒頭で定義します。不動産契約であれば、どの建物のどの部分についての話なのか。医療保険契約であれば、どんな病気やけがについての保障なのか。抽象と具体の紐づけを正しく行うことは、私たちに求められる重要な能力の1つといえるでしょう。

このように説明すると、具体と抽象を正しく紐づけることは、シンプルなもののように感じられます。しかし、この話自体の抽象度が上がると、具体と抽象の正しい紐づけは途端に困難なものとなります。

ここでは、「数字」で考えてみましょう。数字というのは、抽象と具体のどちらにも関わるものです。「リンゴが23個」と言えば、「リンゴがたくさん」と言うより具体的です。しかし、「全体を1と見て、そのうちの何割」というような考え方、つまり分数のような発想にすると、とたんに抽象度がはね上がります。

実際、「抽象的な概念としての数字」には、つまずく子どもが非常に多くいます。私たちの研究グループは、小学生の学習のつまずきを発見するためのテストを開発しました。「たつじんテスト」といいます。このテストを使って、２０２０年に広島県福山市の３つの小学校の３年生１６７人、４年生１４８人、５年生１７３人を対象に調査を行いました。次の問題の正答率はそれぞれどのくらいだと思いますか？

問　1／2と1／3は、どちらが大きいですか？　大きいほうに○をつけましょう。

正解　1／2

この問題の3年生の正答率は17・6%、4年生は22・4%、6年生でも49・7%と半数を超えませんでした。なお、

「6個のリンゴを2人で分けたら何個もらえますか？　3人で分けたら何個もらえますか？　どちらが多くもらえますか？」

というような具体的な問題になると、正答率はぐんと上がります。

抽象的な分数というものを、具体的に考えるところまで自分の力で持ってくることがそもそも難しいのでしょう。

ただし、この抽象概念としての数字については、子どものスキーマの形成のさせ方にも課題があると思います。

というのも、子どもたちは、「数字というのは自然数だ」という信念（スキーマ）を持っているからです。「リンゴが6個」など、数字は「モノ」に結びつくものなのだと、赤ちゃんのときからずっと思い込んでいるのです。

そうしたスキーマに対して、1／2や1／3という分数は相容れません。何年もかけてつくられたスキーマを修正することなく、「（分割の際の）基準としての1」の理解が簡単にできるわけがないのです。

分数の意味を理解していないので、分母でも分子でも「大きい数字が、大きい」という間違ったスキーマを持っている場合もあります。「1／3が1／2より大きい」と思うのは、分子は両方1で同じなのに、分母は3が2より大きいからです。こういった誤った抽象化をしてしまった例は無数にあります。

こうした数字に関する紐づけの失敗は、普通はその後何年もかけて学習していく中で、徐々に書き換えられ、修正されていくものです。しかし、修正が難しいスキーマもあります。スキーマを修正するのが苦手な人もいます。

あなたのまわりにも、ビジネスパーソンとして、どうも「数字に疎《うと》すぎる」人はいませんか？　予算などを、桁違いくらいのレベルにとんちんかんなものを書いてくる人。1桁違う請求書を作成しても違和感を持たない人。絶対に実行できないような工程表を書いてくる人……。

こうした方々はもしかしたら、数字という抽象とお金や時間といった具体が、いまだにうまく紐づけられていないのかもしれません。

ちなみに、この分数の大小の比較は、2023年の時点では、ChatGPTなどの生成AIも正しく回答することができませんでした。このことは、生成AIもまた、抽象的な数字の「意味」を理解していないことを示唆しています。そもそも生成AIは人間とは異なるプロセスで答えを導き出していますから、私たちが言うところの意味を必要とはしていません。

生成AIは、人間のようには思考しません。言い換えれば、どんなに生成AIに触

れても、私たちの思考する力は磨かれないのです。この問題については、終章で詳しく取り上げます。

抽象化が記憶を助ける

さて、ここまでの話を読んで、そもそも「抽象化」というのはとても難しいものだと思われた方もいるでしょう。人によっては、「仕事の指示は、できる限り具体的にしよう」などと思われたかもしれませんね。

でも、残念ながら私たちは、すべてを具体のままにしておくことはできません。というのも、**具体を数多く記憶に貯蔵しておくと情報過多になり、脳への負荷が大きくなりすぎます。だから抽象にすることで負荷を下げている**のです。

具体は脳への負荷が大きい、というのは、例えば次のようなケースを考えれば明白です。

ある日、目の前を複雑な模様の三毛猫が通り過ぎました。さて、翌日、再び三毛猫が通ったのですが、前日の三毛猫と同じネコでしょうか。

2匹のネコの体格に大きな差がある、などの明確な差がなければ、きっと多くの方は、同じネコかどうか、わからないはずです。なぜか。私たちは、そのネコを「三毛猫」あるいは「ネコ」と抽象化して記憶しているからです。

抽象化しているので、2匹の三毛猫が同一のネコかどうかはわかりませんが、また別のネコに出会ったときも、「ネコだ」と認識することができます。

模様や体格が全然違っても、ネコをネコと認識できるのは、私たちがそのビジュアルを抽象化しているからです。

近年、ビジネス書にも統計学の知見を踏まえたものが増えたと聞いていますが、それも同様でしょう。技術の進歩にともなって、顧客データ、販売実績データなど、様々なデータを無理なく集められるようになりました。しかし、それら一つひとつ個別の数字や動向をすべて頭に入れて、使いこなそうという人は少ないと思います。多くの場合、顧客を年代や地域、特性ごとにグループ化、つまり抽象化して捉えているでしょう。

そうすることで、個別に把握しているだけでは見えてこない傾向や特徴をつかむことができるからです。また、新たな顧客が現れた際にも、これまでの顧客と照らし合わせて解釈・判断していくことが可能になるでしょう。

もし抽象化せず、一つひとつを個別の存在として捉えていたならば、新しい出会いのたびに、膨大なデータを思い出して、目の前のものと対照するといった作業をしなければ、正しく認識できないことになります。

どんなネコ好きな人でも、どんなに優秀なビジネスパーソンでも、それは負荷が重すぎだと思いませんか。前述の通り、記憶装置としての脳は、最新の iPhone には遠く及びません。

目的に合わせて、情報の具体化や抽象化の粒度をコントロールすることが、本当に必要な情報を記憶しておくためには不可欠なのです。

抽象化が理解を助ける

抽象化のプロセスによって自分でつくり上げたざっくりとした情報は、「表象（英語ではrepresentation）」と呼ばれます。あなたが持っている「ネコのイメージ」はビジュアルですが、表象には、ビジュアルな表象、言語的な表象、論理的な表象など、様々な種類があります。

読書における情報処理もまた、表象をつくる行為といえます。ここまで本書を読んできた皆さんも、文章の一言一句を覚えているわけではないでしょう。一言一句読んでいっても、その具体的な言葉は読んだそばから忘れていき、だいたいの内容だけをつかんで、読み進めているはずです。

よほど印象的な文があれば記憶に残っているかもしれませんが、それでも、一文、あるいは二、三文が限界でしょう。

「こういうことが書いてある」という、この本における読者なりの論理的な表象を、頭の中につくり上げていくことで、私たちは読み進められるのです。その「こういうこと」は、読みながらアップデートされていきます。

一言一句を記憶するのではなく、だいたいの内容や流れを、あたかもスケッチのように捉えていく。この抽象化の作業は、私たちの脳の「理解」のプロセスの一部に他なりません。

言い換えれば私たちは、抽象化することで物事を理解し、記憶しているということです。

言葉はすべて抽象化された記号――情報を圧縮するためのツールである

さらに言えば、「言葉」自体が抽象化の概念とは切っても切れないものです。

例えば目の前に咲いている赤い花を、「花」と呼ぶのは、抽象化の結果に他なりません。そのときに見ている花という具体物は、言葉にした瞬間に抽象的な概念となるわけです。

起こった事件について説明する場合にも、特徴的な部分、印象の強い部分だけを取り出して話すしかありません。どんなに具体的にしようとしても、何かしらをはしょらなければ説明は不可能ですし、聞いた側が記憶することもできません。

言葉を用いた抽象化を行うことで、私たちは、とても細かくて大量すぎる情報を圧縮することができます。何万ピクセルにもなってしまう画像も、数キロバイトになってしまう動画も、言葉にすれば、データのサイズとしてはわずかです。記憶にもさほど負荷をかけずに、理解することができるでしょう。

例えば私たちは「雪景色」という言葉から、あるイメージを喚起します。雪景色の辞書的な意味は「雪降る景色」「雪の積もった景色」です。具体的に雪景色と呼ぶにふさわしい景色は数え切れないほどあります。それら一つひとつの具体的な景色について全部を知らなくても、自分が経験からつくった表象があれば、私たちは「雪景色」という抽象化された言葉に何らかの意味を持たせながら、扱うことができるのです。

言い換えれば、**言葉は、人間が簡単に処理できる容量に情報を圧縮する働きをする一方、言葉から、具体的なイメージを膨らませることができる**のです。

具体・抽象の使い分けにはトレーニングが必要

ただし、言葉を扱う能力は、私たちが何もせずに自然に身につくものではありません。学習によって身につけるものです。この抽象化の能力もまた、言葉の習得とともに身につけていくものなのでしょう。

先日、４歳の娘さんを持つあるお母さんが、

「うちの娘は、電車内でも道ばたでも、微妙な年齢の女性を見つけると、指をさして『ねえ、あの人はおばさんなの？』と質問するので困る」

と嘆いていました。この子は今、「おばさん」という抽象的な言葉を定義しようとしている最中なのですね。

少し話は逸れますが、この「おばさん」という言葉は、かなり定義が難しい言葉の部類に入ります。親の姉妹という意味でも使われますし、ある年齢層の女性を指す言葉としても使われます。さらに、その年齢層に当てはまる人でも「お姉さん」と呼ぶこともあるからです。

「説明が抽象的だ」というのは、しばしば「わかりにくい」とセットで使われますが、言葉による説明は、それ自体がそもそも抽象的です。**抽象化し、ある種の表象にしておくことで、記憶として扱いやすくし、さらに様々な文脈で使用できるよう拡張可能にしている**のです。

ただ、**その抽象的な言葉が、「雪景色」などのように、相手の頭の中でエラーなく具体的なイメージと結びつけることができるのか、正しくカテゴリーとして認識されているのかが、「説明のわかりやすさ」につながっているといえる**でしょう。

「伝わる説明」を、具体と抽象から考える

この項目の最後に、具体と抽象にまつわる問題点と、抽象による利点を生かしながら、正しく物事を伝えるコツを考えておきましょう。

そのカギは、「例」にあります。私たちが何かを説明する際には、どうしても言葉という抽象化された記号を用いなければなりません。そうした言葉を用いて具体を表現し、狙い通りのイメージを相手の頭の中に描かせるのが、伝わる説明です。

ですから、何かを説明する際には、いくつかの具体例、もしくはたくさんの具体例を用いると、話の範囲を明確にすることができます。

反対に、注意が必要なのが、「強烈な具体例を1つだけ出すこと」です。強烈な具

体例は誤った方向に過剰に抽象化・一般化をされる場合が多くあります。1つの例を聞いて「みんなもそうなんだ」と思われてしまわないよう配慮をしなければなりません。

「これは『面』の話ですよ」と説明しながら、具体例としての「点」を複数出すことで、今の話は「面の中にある『点』ですよ」ということをちゃんと相手にわかってもらう。**「点＝面」と勘違いされないようにすること**です。

抽象化は、人の理解と記憶を手助けするものであり、本書がテーマのひとつとしている「言葉」は、物事の抽象化の中でも最も身近な例に他なりません。

伝えたいことがあるときには、その説明が「具体と抽象」の両方の要素を備えているかをつねに確認してみてください。「相手がどう理解するか」に配慮しながら、聞いている人が納得できるように、抽象と具体を行き来して話を進めることが必要です。

ＯＪＴで、具体と抽象の間を埋める

言葉での伝達がどうしても抽象的であることを考えると、なぜビジネスシーンにおいては、座学だけよりも「ＯＪＴ（On the Job Training）」と組み合わせたほうが効果的に身につけやすくなるのかがわかります。

一緒に仕事をしながら学ぶほうが身につきやすいのは、机の前に座っての学びの抽象的な部分を、実際の業務という具体で埋めることができるからです。

人間の学びという点でも、ＯＪＴは大変有効です。先輩と一緒に仕事をすることで、座学と実践が結びつき、新たな視点を得たり、自分の思い込みに気づいたりすることができるでしょう。

また、先輩にとっても、新人が何に驚き、どんな疑問を持ち、何につまずくのかを知ることで、自己の新しい学びにもつながります。新人とよりよいやり方を検討することで、今までの業務プロセスが改善されることもあるでしょう。

同様に、「教えられて学ぶ」よりも、「技を盗む」「見て学ぶ」ことのほうが身につくことがわかります。

名を成したシェフやパティシエの修行時代の話には、鍋についたソースや皿をなめたり、お客様の食べ残しを食べてみたりという話が出てくるものです。そこには師匠の技を盗もうと必死になる姿があります。同じ時間、同じようにその場で修行をしていたとしても、技を盗もうとする意識があるかどうかで、成長の度合いは大きく変わります。待っているだけでは、成長も成功も降ってはこないのです。

技を盗むというのは、見るだけではありません。自分で分析し仮説を立てて検証することです。シェフであれば、鍋についたソースをなめて、材料や配合を分析する。自分はどうして同じようにできないのか、つくってみて考える。それをやり続けることができるかどうかです。

超一流の人というのは、自分もそのように盗みながら学んでいますから、「教えてもしょうがない」ということがわかっているのかもしれません。受け身では一流になれないことを知っているのです。

これは言語の学習でも同じです。例えば習った英語のフレーズをたくさん暗記したとしても、その暗記したフレーズでしか使えないのであれば意味がありません。ただ受け身の姿勢で学んでいるだけでは、日本語のスキーマに負けてほとんどの情報は記憶に残らず流れ去ってしまいます。

「自分は日本語のバイアスに支配されているのだ」という意識を持って、聞いたり読んだりできるかどうか。とりあえず文法が間違っていない「普通に自然に読める」英文が書けるようになっても、さらに、表現を磨いていくための意識をつねに働かせることをしているか。

日本語のバイアスを通して捉えた英語と、ネイティブの英語がどう違うのか。そういったことを分析しながら学び続けることができれば、英語のスキーマで英語を使って考えたり話したりすることができるようになれるかもしれません。

「意図」を読む

ここまで、言葉は抽象的なものであって、考えていることそのものを相手に届けることはできない、という話をしてきました。

それなのに、なぜ、日々のコミュニケーションが成り立つのか、ちょっと不思議に思えてきませんか。

それは、**私たちが、伝えきれない言葉の背後にあるもの――相手の思いをくみ取り、あるいは断片的な情報から事実関係を拾い上げ、相手の話を自分の頭の中に再構築しながら話を聞いているから**です。

仕事や、何かのストーリーを語って聞かせたいなど、目的のあるコミュニケーションの場合には、なるべく早く、再構築のヒントを相手に提示することが誤解の少ない

コミュニケーションを生みます。例えば仕事では、

「結論を最初に言いましょう」

と指導されることも多いと思います。

あるいは、メールの件名をしっかり書くだけで、伝わり方が変わったりしますよね。ヒントが何もない状態で組み立てようとすると、重要な言葉かそうでもない言葉かもわからないまま、とにかく最初から覚えていくしかなくなりますが、これは、第1章でもお話ししたように、脳に非常に大きな負荷をかける情報処理の仕方になります。そうならないように、重要な情報を見分けやすく、適切なスキーマを想起しやすくして、情報と情報をつなぎ合わせるヒントを提示しましょう、というのが、結論を最初に言うという配慮なのです。

ただし、私たちは日頃の会話で、結論をいつも先に言うわけではありません。それなのに、なぜ相手の話を理解することができるのでしょう。

「結論を先に言え！」は常套句、でも雑談もできる理由

私たちは、相手の話を聞く土台として、「意図を読む」ということをしています。多くの人は、仕事の場に限らずあらゆるコミュニケーションにおいて、周囲の人の「意図」を読んでいます。


例えば、新しい企画提案がなされたときには、その企画の意図をまず知ろうとしますね。相手はどうしてその企画を提案したのか、何の目的なのかもわからない企画であれば、どんな組織でも通ることはないでしょう。あるいは、上司から急に、

「明日はいつもより1時間早く出社して」

と言われたら、「なんで？」と思うのが自然です。これも、そう言った意図がわからなければ、どう振る舞うべきか判断することができません。

そう、私たちはコミュニケーションの際には、**つねに意図に気を配っている**のです。

意図を読むとはどういうことか

「意図を読む」ということを辞書的に解釈すると、「相手の、こうしようという考えや思惑、狙いをくみ取ること」となります。視点はあくまで、「相手」です。

つまり、これまでお話ししてきた「(非認知能力や性格の問題ではなく、心の理論やメタ認知に基づいて) 相手の立場で考えること」が、意図を読むためには必須といえます。

また、こうしようという考えや思惑、狙いは、直接は教えてはくれませんから、推測したり推論したりする能力も求められるでしょう。

さらに、そうした考えや思惑、狙いの背景にある感情もまた、意図に影響を与えているはずです。

つまり、意図を読むためには、「相手がどういう視点で、どういうスキーマを持って状況を捉え、状況に対してどういう感情を持っているのかを推論すること」が求められ、それには相手の感情も大きく関わっているといえるでしょう。

私たちの日常を支える推測・推論の力

さて、推測や推論というと、名探偵シャーロック・ホームズが持っている推理力のような、特別な力をイメージされる方もいるかもしれません。私たちは仕事や日常のあらゆる場面で推測や推論の力を働かせています。

例えば、道路を渡る際。「車が来るかもしれないので」左右を見て安全を確かめて、「大丈夫そうだ」となれば、渡りますよね。推測や推論の力を働かせず、車が来るかもしれないとも考えず、安全かどうかも考えずに渡れば、危険です。

あるいは、空が曇っていたら、「雨が降りそうだ」と思って折り畳み傘をカバンに入れるかもしれません。

もっと戦略的に意図を働かせることもあります。来月の旅行の計画を立てよう、などの場合もそうですし、予算の策定やプロジェクトの工程表の策定、マイナス要素の洗い出しなども、推測や推論の力が必須です。あるいは、将来の災害への備えやビルの建築計画など、専門家の知識やスキルが必要そうな事柄に関しては、その役割を果たしてくれそうな人を見つけ、依頼して対処しています。

意図を読むためには、そうした、日常的に行っている推論を「人」に向ける必要がある、というわけです。

なお、この「意図読み」の力は、実は学力にも深く関係しています。

意図読みが得意な人は、テストでも出題者の意図をうまく読み取ることができるため、正答できることが多いのです。「何を聞きたくて出題しているのか」をつかむことができれば、正解にたどりつく可能性が上がり、また解答スピードも速くなります。

Column

忖度は、相手の意図を読むことと同じ?

行きすぎた忖度がニュースになる機会が増えました。例えば組織に不正会計などがあった場合、忖度をして正確な決算報告などを上げなかったことで、発見が遅れたり問題がより大きくなったりします。

一方、お話ししてきたように、論理的に動いているように見えるビジネスの世界でも、中心にあるのは人の気持ちです。

辞書で忖度を調べると、「他人の心をおしはかり、それに配慮すること」と出てきます。人の気持ちに配慮すること、相手の気持ちを理解しようとすることは一般的にはいいことですし、仕事においてもいい判断につながることは多いものです。本書でもこれまで、大事なこととしてお話ししてきました。

それなのになぜ、人の気持ちへの配慮が、事件につながってしまうのでしょうか?

忖度が問題になるのは、**目的がすり替わっている**からです。

本書では、コミュニケーションを中心に、仕事に求められる認知の力についてお話しししています。様々な認知システムに支えられて、コミュニケーションは成り立っています。

しかし、「コミュニケーションを円滑にすること」や、ここでお話しした「相手の意図を読むこと」は、仕事の目的ではありません。むしろ、仕事における大きな目的を達成するために、こうした力を活用しましょう、ということです。

一方、忖度が問題となる場合においては、その関係性が逆転してしまっています。冒頭の、「忖度で正確な決算報告を上げなかった」というのは、その典型です。「正確な決算報告を上げない」という態度は、**仕事の成功ではなく、人の気持ちへの配慮のほうを優先してしまったということです。そこに問題がある**のです。

同様に、ある問題を解決するためのよい方向性というのは、必ずしも上司の気持ちと同じ方向とは限りません。ビジネスで利益を出すために「上司の気持ちではなく、別の方法を取ったほうがいい」ということが根拠を持ってわかっているのであれば、相手の気持ちを理解した上でそれに沿わない選択をしたほうがいいはずです。

歴史の中で、そのような選択をしたのが奈良時代に活躍した、和気清麻呂《わけのきよまろ》（733―799）です。

称徳《しょうとく》天皇に仕えていた頃のこと。称徳天皇の寵愛《ちょうあい》を受けていた僧の道鏡《どうきょう》が皇位を望むという事件がありました。それを阻止したのが清麻呂です。道鏡を愛するあまり皇位につけたいと望む天皇の意を受けた上で、宇佐八幡《うさはちまん》に神のお告げを聞きに行きます。そして「道鏡を天皇にしてはいけない」というお告げを天皇に奏上したのです。

当時の官僚であった清麻呂は、称徳天皇や時の権力者の道鏡に忖度することなく、工夫をもって自分の意思を貫きました。清麻呂は一時流罪《るざい》となりましたが、道鏡が失脚すると中央に戻され、桓武《かんむ》天皇の側近として活躍しました。

この事件は、「道鏡事件」や「宇佐八幡宮神託事件」と呼ばれています。

相手が法を犯したり、社会的な規範を破ろうとしたりしているときの忖度は、結果的にはそれが社会的にも大きなマイナスを生じさせるだけでなく、下手をすると忖度をした自分自身が逮捕されることにもなります。

上司はあなたに指示を出したわけではありませんから、罪をかぶるのはあなたです。そのような目で新聞を読むと、忖度から生じたと思われる事件や、それによって逮捕された人々が浮かび上がってくるものです。

このような忖度の構図があるのは日本だけではありませんが、「意図を汲《く》んで下が働くのが当たり前」という社会では、相手の意図を汲みすぎることで自分に不利益が生じることがあるのです。

第4章

「伝わらない」「わかり合えない」を越えるコミュニケーションのとり方

「いいコミュニケーション」とは何か？

「いいコミュニケーション」とは何か、と考えるとき、私が頭に描く組織があります。それは、国際認知科学会（Cognitive Science Society、CSS）という学術団体（学会）の運営委員（Governing Board member）として私が参加している会議体です。

この会議体には、世界各国から選挙で選出された認知科学の研究者が集まっています。そこでは、例えば次回の学会はどこで開催するか、今後の学会の運営はどうするか、若手研究者や先進的研究が行われていない地域の研究者をどうサポートするか、アカハラやセクハラを防ぐためにどう取り組んでいくかなど、毎回様々な議題について話し合いを行っています。

その特徴は、

・意見が活発に出ること
・互いによく話を聞くこと
・誰か声の大きい人や押しの強い人が勝つわけではないこと
・揚げ足取りではなく前向きに捉え、いいところは認めて落とし穴や足りないところを見ていくこと
・追随しないこと
・険悪にならないこと
・建設的にいい落としどころに持っていくこと

など。もともと社会貢献に関心があり、ダイバーシティを理解した優れた研究者たちが選挙で選ばれているということもありますが、これほど議論が心地よく進むことがあるのかと、毎回、感心するばかりです。

このように、「いいコミュニケーション」と言われてすぐ思い描けるものがあるのは喜ばしいことではありますが、その反面、こうして描いた場以外では、いつもいいコミュニケーションが取れているわけではないということでもあります。

また、こうした心地のいいコミュニケーションは、「こうすればできる」というも

のではない、というのが率直な意見です。本書でご紹介してきた人間の認知の力の特徴をそれぞれが理解し、配慮しあって初めて、「いいコミュニケーション」が成り立つのでしょう。

本書を執筆するにあたっては、「この人はコミュニケーションの達人だ」と思える人に、何人か取材をさせていただきました。これまで紹介してきた具体的なビジネスシーンにおける事例は、そのほとんどがそうした人々から聞き取った話です。

そうした人たちのようなコミュニケーションを取れるようになるのが本書の理想的なゴールではありますが、こちらも、「こういう場面ではこういうふうに返しましょう」などといったハウツーでは収まりきらないものです。

異なるスキーマを持つ者同士である以上、そして、シチュエーションがその時々によって大きく異なる以上、それは仕方のないことだと思います。

世界的なカリスマ経営者の話し方を真似したり、はやりのビジネス書で「気の利いた言い換え方」を学んだりするのも同様です。

大谷翔平選手のような超一流のバッターのフォームだけを真似しても、球が飛ばないどころか、かえって不自然な力が入り、身体に故障が出てしまうこともあります。
残念ながら、**形だけを真似しても、うまくできるようにはならない**のです。

形をまねる以上の「盗み方」

だからといって、そうした「コミュニケーションの達人」たちの振る舞いを知ることに意味がない、ということではありません。コミュニケーションの達人たちがコミュニケーションをどう捉え、何に気をつけて、どう振る舞っているのか。それを知ることで、達人たちに少しでも近づいていけるはずです。

そこで本章では、そうした達人たちの、コミュニケーションに対する態度を私なりに考え、まとめてみたいと思います。

Column

組織と社会のための「お金の作り方・使い方」

本筋の話から少し逸れてしまうのですが、私が先ほど述べた国際認知科学会（CSS）の運営委員になって感心したことに、お金の作り方と使い方があります。CSSでは、こうしたことも運営員会で決めています。

CSSは学術団体で、営利団体ではありません。しかし、経済的に支援が必要な研究者が学会に参加できるようなスカラーシップ（奨学金）などを提供しています。

学会運営の費用の多くは、学会参加者からの参加費と企業からの寄付ですが、認知科学は産業とそれほど直接的に結びついていない基礎科学のため、多くの企業献金があるわけではありません。学会参加費も、学生さんや経済的に厳しい地域の研究者が参加できるよう、他の学会よりずっと低額にしています。

一方、学会の会場費や設備費は高騰しており、近年（特にコロナ禍が始まってからは）学会参加費からの収入ではまかないきれていません。

そのような状況の中で、これまでの収入の蓄えを上手に手堅く投資し、投資の利潤を必要な費用に充てていて、それで、結局毎年黒字になっているのです。

運営委員会では、学会で貯蓄を増やす必要はないからこそ、お金があれば積極的に会員サポートにお金を使っていける。そのお金が枯渇しないように、上手に投資をしてバランスを保っていく。こういうことを運営委員が同意し、担当の委員が投資会社のサポートを受けながら必要なお金を作っています。

もちろんリスクも承知しています。なにしろ、**リスクにどう対処するか、リスクに直面したときに人がどのようなバイアスに陥り、どのような失敗をしやすいかは認知科学の研究の大事な一部門なのです。**様々なリスクを承知しながら、必要なリスクを取り、会員サポートに必要なお金を積極的に作っていく。そこにギャンブル性は一切ありません。

認知科学は、人間の心の仕組みを明らかにするための基礎研究ですが、一流の認知科学者のチームは倫理的で、社会のためになる意思決定を経済の面でもすることができるのだなと驚き、そのメンバーに加えてもらったことをとても誇りに思っています。

「コミュニケーションの達人」の特徴①

達人は失敗を成長の糧《かて》にしている

今回、コミュニケーションの達人に話を聞いて感じたのは、達人たちは自身の失敗談をよく覚えているということです。

誰にどういう失敗をしたか、何がまずかったのか、なぜそのコミュニケーションが失敗だったのか、それを受けて、どのように自分は変わったのか。

もちろん、取材の際に「失敗談と、そこからの気づきを教えてほしい」と伝えたこともありますが、多くの人がたくさんのエピソードと反省点、そして自分流の伝え方を語ってくれました。

彼らのこの「反省」の姿勢こそ、盗むべき第一のものといえるでしょう。

これまで繰り返しお話ししてきたように、何かを正しく把握し、正しく理解して、正しく記憶し、さらにそれを正しく人に伝える。私たちが「当たり前だ」と思って行っていることは、実は大変な認知の力に支えられています。

そして、そうした理解やコミュニケーションの過程では、残念ながら、「勘違いをした」「忘れてしまった」「聞いていなかった」「間違えた」「見逃していた」などの失敗も起こり得ます。

特に最近では、技術などの進展によって、様々な物事を同時並行的に行うことが増えたことで、認知の力にも大きな負荷がかかっています。そうした環境下で、ますます失敗が起こりやすくなっているといえるでしょう。

多くの仕事は、複数の人間の高次の認知の力に支えられています。自分自身は間違えていなくても、関わる人間が増えるごとに話が変わってしまい、結果的に失敗になってしまう、ということもあり得ます。

そうした間違いや失敗はやむを得ず起こってしまうものとして、では、どうすれば、そうした間違いや失敗からの影響をなるべく最小限に抑えることができるのかを、コミュニケーションの達人たちは考えています。失敗から学びを得て、改善していくことで、コミュニケーションの力が磨かれているのです。

失敗や間違いを認められないのは「性格」か？

ビジネス書や啓発書では、失敗について語られることは多いものです。失敗が貴重な機会であるということに関しては、異論はありません。

ただ、大切なのはそのあとです。その失敗を分析できるかどうか。失敗そのものではなく、大切なのは「失敗の分析」なのです。

分析力がない人はただ失敗して凹《へこ》むだけで、失敗を重ねることになってしまいます。失敗は分析とセットでなければ意味がありません。

そして分析をしたら、修正をしていく。**「失敗・分析・修正」をセットでできる人だけが、「失敗は貴重な機会だ」と言うことができる**のです。

そもそも失敗に気づき、そうと認めるためにもまた、認知の力が必要です。多くの人は、「失敗を認められない人」に対して、「意固地だ」「度量がない」などと性格面での感想を持ちがちですが、実は**性格だけの問題とは限りません。**

179ページで「メタ認知」について述べたときに、「システム2」思考についてお話ししました。「システム1」思考が直観的ですばやい思考、「システム2」思考は振り返りながら熟慮する思考です。そうした性格が形成された背景にも、「システム2」思考ができていない、という認知の力が関わっている可能性が高いのではないかと思います。

そもそも人は、自分のバイアスに気づけない

なぜなら、そもそも人は、自分が持っているバイアスに気がつくことが、簡単にはできないからです。これに関しても、Gさんという日本企業に勤める営業職の方が、

興味深い体験談を話してくれました。

北米の担当であるGさんは、自社サービスについてパンフレットを制作し、ミーティングをしたそうです。その際に持っていったパンフレットは、次のページのようなものでした。

ところが、このGさんのパンフレットを見た瞬間、アメリカ企業のマーケティングディレクターのJさんは一言、こう言ったそうです。

「これじゃダメだ」

Jさんが「ダメだ」と言うまではほんの一瞬のことでしたから、サービス内容がダメだとか、必要な情報が抜けているとか、そんな話ではないはずです。では、何がダメだったのか?

皆さんもちょっと考えてみてください。

パンフレットにあらわれた「バイアス」とは？

Gさんはしばらく考えたものの、何がどうダメなのか、わかりませんでした。そこで、Jさんに聞いたそうです。

すると、指摘をされたのは、性別と役割が結びつけられたイラストでした。アナリストや研究者、営業など、給料が高そうな役割の人は皆、男性。一方で、女性が描かれているのはオペレーターだけでした。

責任ある仕事は男性、サポート役は女性という無意識が、その図を作成したGさんに、そしてこの図でGOを出したGさんの職場には働いていたことがわかります。JさんにJ指摘されて初めて、Gさんは自分にバイアスがかかっていたことに気がついたと話していました。

この事例で言いたいのは、「日本人はジェンダーの意識に疎い」ということではありません。

アメリカのあるオーケストラで楽団員のオーディションの際に、採点者と応募者の間にスクリーンを立てて視覚情報を遮断したら、女性の採用率が50%も高まったという話があるように、アメリカ人も例外ではないのです。

私たちは、誰もが何かしらのバイアスを持っていて、しかもそれに気づいていない。その前提の上で意思決定をしていて、そうした行動を通して「性格」が判断されている。

メタ認知を磨き、こうした事実に気づいているからこそ、ビジネスの達人たちは都度、自身を振り返り、「反省」をしているのでしょう。

有効な反省にもメタ認知が必要

少し余談にはなりますが、的確に反省をするためにもまた、メタ認知の力が必要だということもお伝えしておきます。

例えば子どもが算数の問題を解いていて、途中で考え方を間違えてしまった場合、どこで考え違いをしたのかに気づくには、少なくともそれが「間違いだ」と気づく力がないといけないのと同様です。問題の難易度が上がれば、より高い算数の力が求められるはずです。

今回の取材では、

「自分は反省の連続です。達人だなんてとんでもない」

とおっしゃる方がほとんどでしたが、達人たちは達人たちのレベルで反省をして、ますますコミュニケーションの力を向上させています。であれば、まだその域に達していない私たちもまた、自分のコミュニケーションを振り返り、向上すべき点を考えることが必要といえるのではないでしょうか。

「コミュニケーションの達人」の特徴②
説明の手間を惜しまない

ここまでご紹介してきた中には、認知の枠組み「スキーマ」の違いが深く関わるものが多くありました。

自分と相手がスキーマという違うフィルターを持って物事を捉えているとわかって、それでもコミュニケーションを取ろうとするなら、その先のアプローチの仕方は大きく2つに分かれると思います。

1つは、フィルターを同じにすること。そしてもう1つは、**フィルターが違っても伝わるように伝えること**です。

前者の、「フィルターを同じにする」ができれば、コミュニケーション上のあらゆる問題は解消しそうですが、残念ながら、スキーマというものの性質上、それは不可能だということはもう、皆さんもおわかりでしょう。

　ですから、私たちが取り得るアプローチは、後者。**フィルターが違っていても伝わるように伝えること。そして、その前提となるフィルターの違いを受け入れること**です。


　例えば、ある部署に2人の新入社員が入ったとします。1人は少し指示をすればすぐに動ける人、もう1人は指示だけでは動けなくて、最初に一緒にやって見せないといけない人だとします。一事が万事そうだとしても、前者を「よくできる人」、後者を「ちょっと心配な人」のように扱うのは早計だということです。

　そうやってラベルを貼ってしまう前に、それぞれの持つ「前提知識」や「暗黙の了解」に関して、敏感でなければなりません。新入社員の前提知識や暗黙の了解は、その人が育った背景によっても大きく変わります。その個人性を認めたところから仕事を始めなければ、自分と似たフィルターを持たない相手を否定することになってしまいます。

これは最近聞いた話ですが、ある中堅企業の営業部長が、あるとき、新人の女性社員の、最近の流行にも乗った、少し「肌見せ」のある服装を注意したといいます。

「〇〇会社へ行くのに、その服装で大丈夫？（＝お堅い会社に行くのだから、露出は控えて）」

と伝えたそうなのですが、部下に一言、

「寒くないので大丈夫です！」

と答えられて絶句したのだとか。その会社の営業部はそれまで、似たスキーマの人が集まっていたのかもしれませんね。それで、新人の持つ服装のコードと、部長の中にあるそれが大きく食い違っていることに、部長としては驚いてしまった、というわけです。

「暗黙の了解」からの脱却

暗黙の了解はそもそも、言語化されていません。だから「暗黙」なわけです。言語化されていないことは、その世界に入ったばかりの人にとっては学ぶことが非常に難しい。このようなことは、日本企業では頻繁に起こっているはずです。

こうしたスキーマの差は、しばしば「経験の差」や「察する力の有無」とまとめられて優劣をつけられたり、「世代間ギャップ」として批判の対象となったりしがちです。しかし、そうした意識を持ち続ける限り、「コミュニケーションの問題」はなくなりません。

そうではなく、**人は誰もが異なるフィルター、つまりスキーマを（無自覚に）持っており、それをベースにしてしかコミュニケーションは取れない、という事実を理解すること**が重要なのです。

コミュニケーションは双方向のものですから、できれば双方がこの事実を理解しておくことが理想です。

ただ、そうはいっても、「人間は前提として、わかり合えないものである」という、ある種の諦念にも近いものを共通理解として持つこと自体が、なかなかに難しいもの

であるといえるでしょう。まして、相手が子どもであれば、

「変なことを言う子だ」

と片づけられてしまうかもしれません。やはり、人間関係においては、より年長者、あるいはより立場が上にある人にこそ、より必要な気づきといえるでしょう。

知識はどのように共有すればいいのか？

「人間は前提として、わかり合えないものである」という前提に立つと、コミュニケーションのとり方も自然と変化してくるはずです。わかり合えない者同士のコミュニケーションのヒントが、日系企業と外資系企業を比較すると見えてきます。

日本で生まれ育ち、アメリカの大学院卒業後に最初に勤めた職場がアメリカ企業の工場だった、という人から話を聞いたことがあります。その方が勤めた会社では、様々な作業が徹底的にマニュアル化されており、しかもそのマニュアルも、かなり具

体的なものだったそうです。
例えば、作業手順が間違っていないかを確認する際のマニュアルには、

・A－1の計器のメモリが、1・5〜3・0の間を指していることを確認する。
↓
・A－2のレバーが、「止」になっていることを確認する。
↓
……

といった具合に、徹底的に細分化され、具体的に文書化されていたそうです。それが、同様の日系企業に転職した際には、それらすべての手順が、

・Aの機器は正常に作動しているか？

の一文に集約されていて驚いたと言っていました。

「日本のやり方は、マニュアルは簡単につくれるけれども、マニュアル通りに操作するのは難しい」

とのこと。反対に、最初に勤めた米国企業のやり方は、あらゆることが言語化・文書化されているともいえます。なぜそうするかというと、それは「違うのが当たり前」という前提に立っているからです。人々の前提知識は違う。暗黙の了解はない。そこが出発点なのです。

「あなたと私のスキーマは違う」ということを前提にしないで物事がスムーズに進むほど、今の世の中は単純ではなくなってきています。スキーマの違いを認めないことが、「自分と大きくスキーマが異なる人」の排除にもつながってしまいかねないのです。

「コミュニケーションの達人」の特徴③
コントロールしようと思わない

これまで何度も「コミュニケーションの達人」という表現をしてきました。この表現を見たときに、中には、「周囲の人を思い通りに動かせる人」を想像された方もいるかもしれません。

実際、「相手をいかに動かすか」「相手をどう納得させるか」「相手をやる気にさせるには、どうしたらいいか」というような、相手をコントロールするためのテクニックを求める声もよく聞きます。

「本書のテーマである『言えばわかる』というのが実現すれば、一を言えば十わかって行動してくれる部下を育てることになるのですよね」

などと考えている方も、もしかしたらいるかもしれません。

しかし、「相手に自分を理解させて、思い通りに動かそう」というのは、基本的に本書で述べているコミュニケーションのゴールとは違います。

確かに、子どもに、「1時間、このドリルの問題を解いたら、ゲームをしていいよ」と伝えれば、渋々ながらも机の前に1時間、座るかもしれません。しかし、親子の間に深い意思疎通がなされたかといえば、そんなことはありません。

ビジネスの現場においても、脅したり、おだてたりという策を使えば、相手の行動をその場限りであってもコントロールできることはあるでしょう。意見が対立していた場合に、一時的に賛成に回ってくれることもあるかもしれません。

しかしそのようなコミュニケーションは、決して長続きしないものです。また、こうしたコミュニケーションによって子どもが勉強の面白さに気づいたり、仕事の相手がやる気になったり、相手の意見が変わって協調できるようになるケースは絶対ないとはいえませんが、それは極めて幸運な例外だと思います。

どちらか一方でも、**「相手を思い通りに動かそう」と考えている限りは、真のコミュニケーションは成り立ちません。**コミュニケーションの達人は、相手をコントロールしようとしていない、というのは大切な視点だと思います。

コントロールせず相手を動かすポイント① 関係性

では、コミュニケーションの達人たちは、どうしているか。ある大企業で、数十人の部下を束ねる部長を務めるTさんに聞いたところ、ひとつには「相手といい関係性を築くこと」、そしてもうひとつ「相手の成長を意識してコーチングのように接すること」と言っていました。

まずは、「相手といい関係性を築くこと」。これはつまり、コミュニケーションのそもそものベースとなる信頼関係を築くことです。

その方法としてTさんは、「自分から自己開示するようにしている」とのことです。例えば「うちのネコがね……」といった話を普段の会話に入れておくと、部下も自分のネコやイヌの話をしやすくなります。そうなるとだんだん、「いろいろなことを話して大丈夫なんだ」と思えるようになってくるものです。新入社員はいきなり「私のネコが……」という話はできませんから、そういう雰囲気をつくるのは上司の役割です。

最近は、職場の飲み会なども減ったと聞きますから、相手がいったいどんな人なのかわからない、ということもあるでしょう。そうした状況においては、上司と部下とで仕事以外の話ができる関係性を築くことは、上司の大切な役割のひとつなのかもしれません。

こうした関係性を築くことができれば、例えば業務上のミスで叱責する・されるということがあって互いに気まずい状況になったとしても、それ以外の会話でつながることができます。つまり、仕事の評価とは別の、人と人とのつながりを保つことができるのです。

いくら仕事だけの付き合いだとしても、仕事面以外でいっさい関わりのない状態では、相手を信頼することはできません。信頼関係を日頃から築いておくことが、コントロールしなくてもいい関係性につながるはずです。

「仕事とプライベートは別」と言い切れないわけ

少し余談ですが、Tさんは、上司が自分から自己開示することのもうひとつの効果として、「相手のプライベートを知ることができること」も述べていました。

仕事は仕事、プライベートはプライベートと分けて考える方も多く、「仕事の相手にプライベートのことは知られたくない」と思う方もいるかもしれません。

しかし、部下に例えば小さな子どもがいたり、介護をしながら働いていたりする場合には、予期せぬ呼び出しがある可能性もある。あるいは、7月や8月など、学校が休みの時期には在宅勤務メインのほうがいい可能性もある。そんな個人個人の状況があるからこそ、例えば季節の話などから、

「お子さん、もう夏休み？　大変でしょう」

などと、あえて聞いてみるのだそうです。それで相手が話したければ、そこで話が盛り上がるでしょうし、話したくなければ「そうなんですよ、大変です」といった感

じで終わるはずです。そういった積み重ねで、相手が話したがる話題を見つける。その中で、どんなことを大切にしてるのか、どんなことに困っているのかを共有できるといいと思います。

部下は会社員である前に、1人の人間で、生活者です。仕事の場を一歩離れれば、別の話題で盛り上がることができる。プライベートが大変な時期には、少し仕事の加重をコントロールできる。こんな関係性が心理的安全性につながり、自発的に貢献し合える職場がつくられていくのかもしれません。

コントロールせず相手を動かすポイント② 相手の成長を意識する

コントロールすることなく相手の意欲を引き出すために大切なことの2点めは「相手の成長を意識してコーチングのように接すること」です。

私たちは、誰もが少なからず「成長したい」という願望を持っています。そうと自覚することはなくても、例えばやりがいのより大きい仕事を求めたり、何かを達成して次のステップに進みたいと思ったりするのは、この願望のあらわれといえるでしょう。この、「成長したい」という願望に寄り添うことが、相手を動かす上では大切だとTさんは言っていました。

例えばチャレンジングな業務を与え、その過程を見守り、本人の変化に気づき、それを伝える。そのときに必要なのは、**相手がどう成長したいと思っているのか、何を大切にしているのかを考えること**です。これを考えるだけで、同じ話をするのでも、同じ業務を割り振るにしても、受け取る相手の熱意ががらりと変わります。

「何を大切にしているのか」というのは、部署間の違いで考えてみると、わかりやすくなるでしょう。

例えばあなたが営業チームにいるとして、相手が技術チームにいるとします。その際、技術者が新製品の技術的な優位性を細かに説明しても、営業チームとしては、それよりも新製品を使う人の使用感の変化のほうが聞きたいかもしれません。こうした

相手との興味の違いを互いに意識していなければ、いくら、

「こんなにわかりやすく技術を伝えているのに、すごさをわかってくれないなんて」

と相手が機嫌を損ねていたとしても、あなたとしては、

「また売り上げにつながらないところにこだわって……」

という態度になってしまいがちです。

そうではなく、技術チームは営業チームの大切にしていることを考え、営業チームは技術チームの大切にしていることを考えること。互いに考えることで、大切にしていることとの一致点が見つかり、大きなゴールに向かっていけるのです。

仕事ができる人というのは、

「あの人にこう言ったら、たぶんこういう反応が返ってきますよね。だからこういうふうに準備しておきましょう」

という会話をよくしているものです。提案をする前から、相手の反応を織り込んでいるのです。「仕事は段取り8分」と言われますが、その段取りの中に「相手」が含まれることを覚えておくといいと思います。

「コミュニケーションの達人」の特徴④

「聞く耳」をいつも持つ

達人たちの特徴の４つ目は、「話をよく聞いている」ということです。昨今、話を聞くことは大事なビジネススキルだと知られてきました。そのため、「まずは話を聞こう」と心がけている方も多いのではないでしょうか。

しかし、「話をよく聞こう」と心がけていても、それでも多くの人がうまく聞くことのできない話があります。

その話とは、「耳の痛い話」「自分にとって都合の悪い話」です。

「できることなら、いい報告だけ受けていたい」というのは、誰もが心のどこかで思っていることでしょう。しかし現実はそうではありません。むしろ、上司という立場になると、悪い報告ばかりを受けているような気持ちになるかもしれません。実際にはいいこともたくさん報告されているはずなのに、「悪い報告」ばかりのように感じてしまう。これもまた、私たちが持ちやすいバイアスの1つです。

このとき、多くの人が無意識に醸し出してしまうのは「話を聞きたくない雰囲気」です。


翻って、「悪い報告」をする側のことを考えてみましょう。そもそも「悪い報告」はなるべくしたくないと思うのが人の自然な気持ちです。それでも、しないわけにはいかないということで上司に切り出したところ、上司が「話を聞きたくない雰囲気」を醸し出してきた。となれば、早く話を切り上げたくなって当然です。


こうした**双方の感情が態度に影響して、本来は共有しなければいけない大切な情報が十分に伝えられなかったり、形だけの報告になってしまったりする**のです。これは後の、

「あのとき報告しました」

「いや、そんな話は聞いていない」

といったやりとりの発端ともなり得ます。あるいは、日本企業で改ざんや粉飾などの不祥事が絶えない背景には、こうした上司の無意識の雰囲気があるのかもしれません。

そうした事態を防ぐ意味でも、どんな話に対しても聞く耳を持つというのは、とても大切な姿勢といえるでしょう。

プラスのフィードバックで、不測の事態を防ぐ

「どんなときにも話を聞く」といっても、上司も人間である以上、自分に都合の悪い話を聞く際に「イヤだな」と思ってしまうのは、ある程度、仕方のないことかもしれません。私たちの思考や行動と感情は切り離せないということは、これまでもお伝えしてきた通りです。そのため、聞きたくない話を聞いた瞬間に、無自覚のうちに顔をしかめてしまった……というようなことは、誰にでも起こり得ます。

この一瞬が、相手に与える影響は多大です。「先生に注意された」という事実が、「先生は声を荒らげて怒鳴りつけた」という記憶に変わってしまうように、そこにネガティヴな感情があると、相手の些細な行動もネガティヴに脚色されてしまいます。そしてその脚色を含んだ記憶が、現実に起きたことのように記憶されてしまう恐れがあるのです。

部下が失敗の報告をするときには、すでにそこに「ネガティヴな感情」があります。ですから上司は、自分の態度にいつも以上に注意深くあらねばなりません。

無意識の表情の変化すら、相手に影響を与えてしまうのですから、上司としては、**「イヤな報告を受けたときこそ、相手を褒める・感謝する」くらいの心づもりが必要**です。

「リスクを早く報告してくれたから、早めに手を打てて助かった」

「君の報告のおかげで、何とか取り戻せたよ。ありがとう」

こうした「部下のホウレンソウ（特にネガティヴなもの）に対して褒める」というフィードバックを続けているうちに、「失敗を報告したら、褒めてくれた」という話が、部下の間に広まるようになります。そうすると、ポジティヴサイクルが回り始めます。

ミスの報告に対するハードルは大きく下がり、部下は小さなミスでも報告をしてくれるようになるはずです。取り返しがつかなくなる前に、皆があなたに報告をしてくれるようになる。このサイクルを生み出すことができれば、現場の把握は驚くほどラクになるはずです。

終章

コミュニケーションを通してビジネスの熟達者になるために

ビジネスの熟達者とコミュニケーション

先日、拙著『ことば、身体《からだ》、学び 「できるようになる」とはどういうことか』（扶桑社新書）の発売記念イベントとして、共著者で400メートルハードルの日本記録保持者の為末大さんと対談をしました。その質疑応答の際に、「大人のリスキリング」の話になりました。その際、為末さんは、**スキルよりもファンダメンタル（基礎）が大事でなのではないか、**とお話しされていました。

陸上競技の中には、100メートル、1500メートルなど、「走る速さ」を競うものがたくさんあります。選手たちは、どうすれば速く走れるのか、自分に合った走り方はどのようなものか、どんな走り方を目指したいのかを試行錯誤しています。

ただし、スポーツにおいて「速く走る」ことが求められるのは、陸上競技だけではありません。「速く走る」ことで有利になるスポーツは多い。野球、バスケットボール、サッカー、ラグビーなど、多くのスポーツで足の速さは武器になります。

その意味で、走るということは「ファンダメンタル」なのではないか、ファンダメンタルがしっかりしていれば、どんな時代になろうとも、対応していけるのではないか。そんなお話でした。

では、**「ビジネスにおけるファンダメンタル」とは何か。**

そう考えたとき、**本書でテーマにしている「コミュニケーション」こそが、まさに、「ファンダメンタル」**なのではないかと思いました。営業職など、コミュニケーションが仕事の中心となる職種は言うまでもなく、周囲の人と関わり合いを持つすべての職種において、「いいコミュニケーション」はその人の武器になります。

何か自分に足りないものや視点の偏りがあった場合、あるいは落とし穴にはまってしまっている場合でも、いいコミュニケーションができれば、建設的で前向きな議論を通して、いい落としどころに持っていくことができるでしょう。

たとえ意見が対立しても、険悪にならず、揚げ足取りに終始することにもならずに物事を進めていけるはずです。

いいコミュニケーションができなければ、ビジネスパーソンとして熟達しているとは言えない、といってもで過言ではないくらい、コミュニケーションはビジネスにとって重要な基礎なのではないでしょうか。

また、本書はコミュニケーションをメインテーマとしていますが、「いいコミュニケーションを取ること」そのものが目的でない方も多いでしょう。

仕事をうまく進めたい。プロジェクトを成功させたい。業績を伸ばしたい。チームの結束を固めたい。こうした、様々な目的を達成する手段として、コミュニケーションを見ている方もいると思います。

「言っても伝わらない」「話してもわからない」を乗り越えて、いいコミュニケーションを取ることを通して、ビジネスの熟達者になるためにはどうしたらいいのか。

本書の最後に、コミュニケーションの枠を超えてビジネスの熟達者として求められることについて、考えていきましょう。

ビジネスの熟達者になるための「直観」

ビジネスにおいては、物事を判断したり決めたりすることを求められることが多くあります。優れた判断や決断は、ビジネスパーソンとして熟達するためには必須の能力です。では、私たちはどのように物事を決めているのでしょうか?

皆さんは、『ハドソン川の奇跡』という映画をご存じでしょうか。2009年1月に起きた実際の飛行機事故を基にした映画で、トム・ハンクスが機長のチェズレイ・サレンバーガーさんを演じました。

離陸直後に野鳥の群れが機体にぶつかり、左右の両翼に設置されたエンジンがともに停止。機長は急きょ、ニューヨークのハドソン川に不時着しました。乗客乗員のすべての命が救われた歴史に残る出来事です。

事故が起きたとき、機長は、「離陸したラガーディア空港、あるいは近くのテターボロ空港に緊急着陸する」という通常の選択肢を退け、自身の直観に従って、ハドソン川に不時着水するという行動を取りました。機体に衝撃を受けてからわずか208秒ほどの出来事だったといいます。

この決断に、その後、事故調査委員会の専門家たちから疑念が提示されます。後日、コンピューターでシミュレーションすると、空港に緊急着陸することは可能だったというのです。そうであったなら、わざわざ危険を冒して、1月の寒空の下、不時着水する必要などなかったのではないか、ということです。

このような批判に対し、機長は、そのシミュレーションは、緊急事態に遭遇した人間が状況把握に必要とする時間や葛藤、判断のプロセスを考慮していないと指摘します。そして実際、事故に遭遇した機長と管制官が試行錯誤する時間を「35秒」とカウントしてシミュレーションすると、緊急着陸を試みたところで結局、市街地や森に墜落するという結果しか出ませんでした。

この機長は元空軍の熟練したパイロットで戦闘機「ファントム」の操縦を経験し、

その後、民間のパイロットを長年務めてきた超一流のパイロットだったといいます。未曽有《みぞう》の、誰も予測できなかった状況で100人を超す乗客乗員全員の命が助かるという「奇跡」を可能にしたのは、膨大なデータに基づくシミュレーションではなく、機長の「直観」でした。

サレンバーガー機長が直観で多くの人命を救ったように、**その道の一流とされる人、すなわち達人は、大変優れた直観を持っています。**

優れた直観がビジネスでの熟達に不可欠なわけ

この優れた直観は、ビジネスの熟達においても大変重要です。

分厚い書類をざっと見たときに、すぐに「この数字は確かめたほうがいい」と直観的に思うことはありませんか？　限られた時間の中で膨大な量の書類の内容をすべて詳細に確認することは人間には不可能です。そのようなとき、経験豊富な、いわゆる「デキる人」が、

「この内容はおかしいのではないか」

「この数字はチェックしなければならないのではないか」

ということが直観的にわかるのは、日頃の仕事の積み重ねによって直観を身につけているからです。


あるいはコミュニケーションにおいて、何か齟齬《そご》が起こってしまったときに、

「それでも、この人はこんなことを言うはずがない」

「何か意図があって、こういうことを言ったのではないか」

などと直観的に思えるのは、その人とのやりとりを通して、直観が磨かれているからといえるでしょう。

直観の磨き方

未曽有の飛行機事故に遭いながら、乗客乗員すべての命を救ったチェズレイ・サレ

ンバーガー機長は事故後に「ハドソン川の奇跡を起こした英雄」として世界中から称賛され、バラク・オバマ氏の大統領就任式にも招待されました。

ここで再び、二つの思考スタイル「システム1」と「システム2」について179ページでお話ししたことを思い出してください。

システム1は不正確だけどすばやく効率がいい思考、システム2はメタ認知を働かせて時間をかけて熟慮する思考です。サレンバーガー機長の直観的判断はどちらなのでしょうか？　システム2というにはすばやすぎる判断でした。ゆっくり熟慮するのに十分な時間のない中で、それでもすばらしい判断をしたわけです。

熟慮するのに十分な時間がない中で重要な判断を求められるということは、スポーツにおいては日常的に起こります。例えばサッカーでボールを受けたときに、誰にパスを送ったらいいかを熟慮している時間はありません。ビジネス上でも短時間で究極の判断をしなければならないようなことは、しばしば起こると思います。

このような「時間がないとき」に、いい判断をするための直観が働く。それが達人です。では、その直観はどこからくるのか。どうしたら磨くことができるのか。

機長は、「これは奇跡などではなく、つねに緊急事態に備えて訓練していた結果だ」と言っていたそうです。この言葉は単なる謙遜でない、まさに正鵠《せいこく》を得た自己分析です。熟達者の認知の研究の第一人者である米フロリダ州立大学のアンダース・エリクソン教授の研究をはじめとした膨大な量の認知科学の研究の結果と完全に一致しています。

1秒を争う緊迫した状況で直観が働き、正しい判断ができたのは、様々なリスク状況を想定したシミュレーション訓練を積んで、それが完全に身体に落とし込まれていたからだと考えられるのです。

天から与えられるものではない

2024年1月には羽田空港で、大変な飛行機事故が起こりました。海保機に乗っていた5名が亡くなったのは大変痛ましいことですが、JAL機の乗員乗客379人の全員が燃える機体から18分で脱出したことは、世界中から称賛を集めました。

こうした「羽田空港の奇跡」が現実のものとなった背景にも、機長やCAをはじめとする乗員たちの繰り返しの訓練と、それに基づいた直観があったのでしょう。

こうしたエピソードから見えてくるのは、**「直観」は天から降ってくるものではなく、そこへ向かってたゆまず歩き続ける中でやっと手に入れられるものだ**ということです。直観に至るまでは、ずっとモヤモヤしながら「ああでもない、こうでもない」と考え続ける日々が続いている。どんな分野でも、このようにカチッとハマるまでに費やす時間は相当に長いものだと思います。

直観を突き詰めた先に一握りの人だけがつかみ得るもの

直観の獲得は、私たち人間にとって、たやすいことではありません。

エリクソン教授は、「達人の直観」を育てるのに必要なのは、長期間に及ぶ「真剣で工夫を凝らした訓練（deliberate practice）」だと述べています。実は人のデフォルトの思考はシステム1。直観的思考です。でも、訓練しなければ精度が低く、どちらかといえば「いいかげん」なものなのです。

メタ認知を働かせて自分を振り返り、自分の課題を分析し、その課題を解決し、向上するための訓練を考える。この「真剣で工夫を凝らした訓練」はまさに、システム2の訓練です。目安は1万時間。システム2による集中した訓練を長期間行うと、自然に知識が身体化し、考えなくても頭と身体が連動するようになる。それが「**達人の直観**」の正体なのです。

言い換えれば、最初は「すばやいけれど精度が低い思考」だったシステム1を、システム2による長年の訓練によって、「**すばやくて、しかも精度が高い、最高の判断ができる思考**」**に変える。これが達人になるために必要なこと**だと言えます。

そして、直観を磨き上げた先に、ごく一部の方が、「大局観」ともいえる感覚を身につけるのでしょう。

大局観は、経験で練り上げられた究極のスキーマです。それは専門の勉強だけをしていても、知識のつまみ食いをしていても、ただ俯瞰で眺めていても得ることはできません。**広げながら収束させる、収束させながら広げていく。ある種の「具体」と「抽象」を行き来するような意識が大事だと思います。**

ＡＩが人間から直観を奪う？

超一流の達人だけが持ち得る「優れた直観」ですが、今、危機に瀕《ひん》しているかもしれないと感じます。その理由は、生成ＡＩの登場です。生成ＡＩは、使い方を間違えると、人間が直観を養う機会を奪うのではないか、と考えるからです。

前述のように、ChatGPTをはじめとする生成ＡＩは、質問者に対して、しばしば、間違った答えを、あたかも正しいことかのように返します。その根本は、ＡＩが意味を理解しないことにある、と63ページで述べました（これについては、「日経ビジネス電子版」でより詳しくお話ししていますので、そちらもご参照いただければと思います）。

さらに言えば、生成ＡＩは、部分的に出した答えを論理的に統合して結論を出すことが苦手です。論理的に破綻した、矛盾した説明でも、もっともらしく、しかも自信たっぷりに聞こえるよう流暢に言い切って提示します。そう、生成ＡＩは、そもそも人間のようには思考しないのです。

そこには、意味も直観も存在せず、ただただ、言葉という記号の間を漂っているに過ぎません。つまり、生成ＡＩは、一見人間のように答えてはいるものの、そのプロセスは人間の思考のプロセスとはまったく違うのです。

一方、165ページでお話ししたように、人間は「流暢性バイアス」も持っています。相手が流暢に話していると、内容が薄くても、ときには間違っていても、信用してしまうというバイアスです。

内容が正しくても正しくなくても流暢に言葉を紡いでいくのが生成ＡＩの特徴です。この特徴こそ、人間にとって最も危険な判断ミスをもたらしかねないものです。

生成ＡＩはもちろん大変便利なものですから、うまく取り入れることができれば、私たちの日常はますます便利に効率のいいものになっていくと思われます。

しかし一方で、生きた知識、直観を身につけたいという段階にあるならば、気をつけて接する必要があります。なぜなら、前述のように**生成ＡＩが答えを出すプロセスは人間とはまったく異なるため、それにいくら接しても、大局観や生きた知識、直観の習得にはつながらない**からです。使う人間がよほど気をつけていないと、ネットサーフィン以上に意味のない、ただ言葉という記号の海を漂うだけの体験をしてしまうことになるでしょう。

ＡＩが進歩していく中で、私たちは、ＡＩには代替できない、人間にしかない能力を磨くことが求められるのは間違いありません。それこそが、生きた知識、そして直観です。

学びとは、こうした能力を磨いていくことに他なりません。そのことを、私たちは忘れてはいけないのです。

おわりに

本書をここまで読んでくださった皆さんは、向上したい、成長したいという気持ちが強い方だと思います。そしてその気持ちは、人が働く上で、大きくいえば生きていく上でとても大切なものです。

強い思いを持ち続けられることは、それだけでひとつの大事な能力です。「明日は今日よりもっとよくなりたい」「今やっている仕事より次の仕事はいい仕事にしたい」。そう思えること自体が才能なのです。

本書では、「話せばわかる」「言えば伝わる」を切り口に、人の認知や記憶の仕組みについて、幅広くお話ししてきました。また、直観についても考察し、失敗の意義についても紙幅を割きました。日常の生活の中で私たちの認知機能がどのように働いているかについて、その一端をつかんでいただけたのではないでしょうか。

私自身、本書を書き終えた今、理解し合うことの難しさを改めて感じています。世の中にこれだけの対立があるのには、理由があるのです。

この世界で生きていくということは、自分の芯を持ち続けながら、別のスキーマを持った人々の立場や考え方を理解し、折り合いながら暮らしていくことです。相手の中にも自分の中にも存在する認知バイアスに注意しながら、物事を一面的ではなく様々な観点から評価し、判断する。自分の所属する、帰属する集団の価値観を、一歩引いて見つめてみる。メタ認知をしっかりと働かせることを意識していく。しかし自分の芯はぶれさせない。

これは決して簡単な生き方ではありませんし、ぼんやりとしてつかみどころのない生き方のように思われるかもしれません。

そんなときは、逆の生き方を想像してみるとわかりやすいかもしれません。

自分の芯を持たず、様々な立場の人を許容することなく、物事を自分の考えのみで判断し、所属する集団の中の価値観を正しいと信じて発言する。そういう人があなたの周りや言論空間にもいるかもしれません。

思い込みにとらわれたそのような生き方は、実はラクな生き方でもあります。相手の意図を考える必要も、情報を精査することも、知識や教養を得ることも、自分を外から見つめ直すこともないからです。自身を見つめ直し、自己を批判することで痛みを感じることもありません。自分が思ったことが正しいし、情報は自分が思ったように解釈すればいいからです。

自分の認知のバイアスに埋没し、心地よいところだけで生きるのは、とてもラクな生き方でもあるのです。

その道を選ばなかった皆さんは、これからの日々も探究しながら生きていくことになるでしょう。1つの問題だけを取り出しても、相手の立場や信念に思いを巡らせ、それにまつわる知識を学び、自分が持つ偏見を見つめ、その背景を探り……。多くのことを俎上《そじょう》に載せてうなりながら、自分なりの結論を出していくのだと思います。

自分とは相容れない相手に対しても、「許せない」と切り捨てたり、「人それぞれ」と突き放したりするのではなく、「そういう考え方もあるのか」「そういう捉え方もできるかもしれない」と建設的にすり合わせをしていくことでしょう。

大変な世の中です。

自分のこと、家族のこと、仕事のこと、社会のこと。考えなければならないことはたくさんあります。そのような中、人の認知について知るためにこの本を手に取り、その知識を持って物事をより深く考えようとする皆さんの前には、長く果てしない道がのびていることでしょう。決してラクな道ではありませんが、その探究の道のりがよりよいものであることを、心から願っています。

●今井むつみ『ことばと思考』岩波新書、2010/10/21

●養老孟司『養老孟司特別講義　手入れという思想』新潮文庫、2013/10/28

●ゲルト・ギーゲレンツァー著、小松淳子訳『なぜ直感のほうが上手くいくのか？「無意識の知性」が決めている』インターシフト、2010/6/1

●ロバート・B・チャルディーニ著、社会行動研究会訳『影響力の武器　なぜ、人は動かされるのか　第三版』誠信書房、2014/7/10

●Langer, E., Blank, A. & Chanowitz, B. (1978). The mindlessness of ostensibly thoughtful action: The role of "placebic" information in interpersonal interaction. *Journal of Personality and Social Psychology*, 36, 635-642.

●今井むつみ、楠見孝、杉村伸一郎、中石ゆうこ、永田良太、西川一二、渡部倫子共著『算数文章題が解けない子どもたち　ことば・思考の学力不振』岩波書店、2022/6/14

●山本博文『天皇125代と日本の歴史』光文社新書、2017/4/18

●本郷和人監修『東大教授がおしえる　やばい日本史』ダイヤモンド社、2018/7/12

終　章

●今井むつみ、秋田喜美共著『言語の本質　ことばはどう生まれ、進化したか』中公新書、2023/5/24

●為末大、今井むつみ共著『ことば、身体、学び　「できるようになる」とはどういうことか』扶桑社新書、2023/9/1

●アンダース・エリクソン、ロバート・プール共著、土方奈美訳『超一流になるのは才能か努力か？』文藝春秋、2016/7/29

●今井むつみ「ChatGPT活用で増殖する『間違った主張を堂々とする素人』」日経ビジネス電子版、2023/6/2

●今井むつみ「ChatGPTが分数を間違う理由　どうして『100<101/100』？」日経ビジネス電子版、2023/6/14

●今井むつみ「算数が苦手な子どもはAIと似ている『記号接地問題』とは？」日経ビジネス電子版、2023/6/29

●今井むつみ「『AIを上手に使う人ほど、AIに懐疑的である』のは、なぜか？」日経ビジネス電子版、2023/7/18

●今井むつみ「AIに負けない人の条件『アブダクション推論』の力を鍛えよう」日経ビジネス電子版、2023/7/19

参考文献・資料

第 1 章

- 今井むつみ『学びとは何か　〈探究人〉になるために』岩波新書、2016/3/19
- 今井むつみ『英語独習法』岩波新書、2020/12/19
- エリザベス・ロフタス、キャサリン・ケッチャム共著、厳島行雄訳『目撃証言』岩波書店、2000/3/24
- Loftus, E. F. (1979). The malleability of human memory. *American Scientist*, 67(3), 312-320.
- "How reliable is your memory?" (TEDGlobal 2013, 2013/6)

  https://www.ted.com/talks/elizabeth_loftus_how_reliable_is_your_memory?utm_campaign=tedspread&utm_medium=referral&utm_source=tedcomshare
- "How memory plays us: Elizabeth Loftus at TEDxOrangeCoast" (TEDx Talks, 2013/10)

  https://youtu.be/FMkZWXDulA4?si=F4ZSCf7LIlPWRZdE
- スティーブン・スローマン 、フィリップ・ファーンバック共著、土方奈美訳『知ってるつもり　無知の科学』ハヤカワ文庫、2021/9/2

第 2 章

- 福井県立図書館編著『100万回死んだねこ 覚え違いタイトル集』講談社、2021/10/20
- 尾身茂『1100日間の葛藤　新型コロナ・パンデミック、専門家たちの記録』日経BP、2023/9/22
- ジョシュア・フォア著、梶浦真美訳『ごく平凡な記憶力の私が1年で全米記憶力チャンピオンになれた理由』X-Knowledge、2011/7/29
- 島朗『島研ノート 心の鍛え方』講談社、2013/3/29
- Elizabeth F.L(1975). Eyewitness testimony: The influence of the wording of a question. *Bulletin of the Psychonomic Society* 1975, Vol. 5 (1), 86-88

第 3 章

- ダニエル・カーネマン著、村井章子訳『ファスト&スロー　あなたの意思はどのように決まるか？　上・下』ハヤカワ文庫、2014/6/20

今井むつみ（いまい・むつみ）
慶應義塾大学環境情報学部教授。
1989年慶應義塾大学大学院博士課程単位取得退学。94年ノースウェスタン大学心理学部Ph.D.取得。専門は認知科学、言語心理学、発達心理学。主な著書に『ことばと思考』『学びとは何か』『英語独習法』（岩波新書）、『ことばの発達の謎を解く』（ちくまプリマー新書）など。共著に『言語の本質　ことばはどう生まれ、進化したか』（中公新書、「新書大賞2024」大賞受賞）、『言葉をおぼえるしくみ』（ちくま学芸文庫）、『算数文章題が解けない子どもたち』（岩波書店）などがある。国際認知科学会（Cognitive Science Society）、日本認知科学会フェロー。

「何回説明しても伝わらない」は
なぜ起こるのか？
認知科学が教えるコミュニケーションの本質と解決策

2024年 5 月13日　第1版第 1 刷発行
2024年10月21日　第1版第12刷発行

著　者　今井むつみ
発行者　中川ヒロミ
発　行　株式会社日経BP
発　売　株式会社日経BPマーケティング
〒105-8308　東京都港区虎ノ門4-3-12
https://bookplus.nikkei.com/
デザイン　krran
イラスト　スタジオびりやに
制　作　キャップス
編集協力　黒坂真由子
編集　宮本沙織
印刷・製本　大日本印刷株式会社

本書籍に関するお問い合わせ、ご連絡は下記にて承ります。
https://nkbp.jp/booksQA

ISBN978-4-296-00095-1
Printed in Japan